刘大猫的财富之旅

90后创业者刘欣真实鲜活的创业手记

刘欣 ◎ 著

新 华 出 版 社

图书在版编目（CIP）数据

刘大猫的财富之旅 / 刘欣著. -- 北京：新华出版
社，2017.7

ISBN 978-7-5166-3053-2

Ⅰ.①刘… Ⅱ.①刘… Ⅲ.①互联网络—应用—创业
Ⅳ.①F241.4-39

中国版本图书馆CIP数据核字(2017)第156152号

刘大猫的财富之旅

作　　者：刘　欣

责任编辑：蒋小云　　　　　　　　封面设计：刘　欣
责任印制：廖成华　　　　　　　　责任校对：刘保利

出版发行：新华出版社
地　　址：北京石景山区京原路 8 号　　　邮　　编：100040
网　　址：http://www.xinhuapub.com　　http://press.xinhuanet.com
经　　销：新华书店
购书热线：010-63077122　　　　　中国新闻书店购书热线：010-63072012

照　　排：中版图
印　　刷：河北盛世彩捷印刷有限公司
成品尺寸：145mm × 210mm
印　　张：8.75　　　　　　　　　字　　数：170 千字
版　　次：2017 年 8 月第一版　　　印　　次：2021 年 3 月第二次印刷
书　　号：978-7-5166-3053-2
定　　价：58.00 元

谨以此书献给数年来一直
帮助、关心、支持我的人
但安慰捉襟见肘，唯有冷暖自知
最重要的是把这本书献给自己
献给自己的 26 岁生日。

自 序

（一）

我叫刘欣，我的网名叫刘大猫，江苏人，现居北京。2016年我25岁的时候开始写这本书，它记录着我从0到1在互联网上务实的创业，经历种种失败以及一些阶段性成绩的真实成长过程。

16年11月份的某天我因有事回南方家中，我坐在从北京南下的高铁上，高铁要开近六个小时。

车窗外一闪而逝的景色被疾驰的列车拉成一条线，我来北京已经整整两年了，这两年来有过太多这样的时刻，坐着高铁从南到北，从北到南，而我在互联网上创业居然已经是第六年了。

此番一路我都在沉思这六年来所历经的点点滴滴，太多细节仿佛昨日一般，我仿佛真切地体会着一种路过，路过白驹过隙的青春，路过荆棘，荒漠，草原，河流，这几年里我也切肤地经历着成人世界的商业游戏。

而六年前的我还是个捉襟见肘，天资平平的高中生，而短短六年的时间，我竟误打误撞地接触互联网，误打误撞地碰到过一些贵人，误打误撞地获得了这个社会大多数人一生都积累不到的财富量级。

我说"误打误撞"真不是谦虚，我很清楚自己走到今天真不是一个线性的过程，在充满变化的世界里，每个个体的规划很快便会游离，我们在物质和财富上取得的成绩无非有太多的机缘巧合，不可捉摸，当然前提也一定是我们目标明确地死命追求。

我的大多数同龄人此刻或许正忙于求职抑或在单位是一个基层的员工或还在读书，需要父母的接济，每个人的生命版本不一样，我出生于江苏县城的一个普通家庭，读书的时候成绩差强人意，多数人置若罔闻的少年竟然就在这 6 年的时间里，在十几岁的尾巴上和二十岁的开头时跨越了最难以跨越的社会阶层。25 岁的我通过互联网创业积累了千万的资产，有时感觉像梦幻一样。

（二）这本书为自己而写

本书起初以"电子书"的形式发布于互联网上，电子书收获到大量的点击，我遂开始将其改编为纸质书出版。

这本电子书在互联网上发行后，我听到了各种各样的声音，有赞不绝口的，有奉为标杆的，有嗤之以鼻的，有满口质疑的，亦有羡慕向往的。

但他们多半也不会真正地体会到我的所思所想，我于很小的年龄因为踩对了一些意外的点而获得了阶段性的成绩，但其实财富不仅会让人更快的成熟，也会让人孤独，甚至会让人迷失自己。

我每天脑子里都在思考我应该如何推进我的商业规划，我应该如何打理我的小财富，如何持续创造更多的价值，如何管好公司里某个煞有介事的同龄员工，如何去做一笔更正确的投资，如何保证我永远走在别人的前面。在过去 6 年的时间里，几乎每天甚至每时每刻都在思考类似的问题，但毕竟自己还是太年轻，所做的事情事实上和自己的年龄并不匹配，这样的不匹配会带来更多旁人无法体会的焦虑，冷静，坚韧，苟且，孤独，喜悦。

但我在过去的六年里，我所经历的事情，我获得千万财富的历程，我艰辛创业的点点滴滴又是那样地真切与弥足珍贵，它是那样地鲜活与通透，我想，我若把我的创业青春记录下来，那可是一件有意义的事情并且也是对自己阶段性成绩的莫大奖赏，所以我写下这本书。

本书并不是什么自传，也并非我个人很排斥的成功类书籍和心灵鸡汤，而是一个务实真诚的分享与自己对自己这段人生经历的记录与总结。

我很清楚，未来的 5 年将是我人生中一个全新的阶段，5 年后我将 30 岁。我希望在我 30 岁的时候，我活出的人生和今天相比又是完全不一样的版本。

很多人在垂垂老矣之时才开始著书立传，而垂垂老矣之时，剩下的只有回忆，但我知道青春是回忆与憧憬的天平，我庆幸我在今天就可以给自己写下这本书，既有回忆，又有憧憬！

（三）这本书为需要的人而写

我记得我曾经一无所有的时候，我就非常渴望财富，渴望更好的生活品质，渴望进击到更优越的社会阶层。那时候我走在路上，看到一辆豪车，我都会非常好奇，这辆豪车的主人是谁？他到底是做什么的？

这个社会有那么多人一辈子的积蓄或许都没有一百万，而他为什么愿意花一百多万买一辆车？他到底是怎么赚到这么多钱的？

但遗憾的是，那时并没有任何人会告诉我答案，因为那辆豪车的背后可能只是一个富二代或者一个收受了巨额贿赂日后必会被绳之以法的贪官，没有人会和我实实在在地分享那辆豪车背后的主人是如何从 0 到 1 获得那么多财富的。

就像今天大多数的年轻人，他们辛苦地读书，辛苦地工作，却被房价、物价、子女的教育花费、医疗花费压得喘不过气来，他们也特别想努力地跨越现有的社会阶层，但不会有人能够给他们指一条明路。他们知道马云、马化腾白手起家创办了伟大的公司，却完全不知道自己的房贷还得还多久，或者猴年马月才能凑够首付的钱。首富们也从来不会告诉他们真实的从 0 到 1 的路径。

所以我更要写下这本书，真实地记录我从 0 到 1 的过程，真实地分享，或许能够帮助到一些人，给更多的朋友一些参考。因为我曾经是那么的普通。

一个普通人从 0 到 1 的过程或许对你来说更有意义。

在接下去的时间里，我即将去追求我新的人生，但我过往的经历或许正是你所需要的，但愿你我都能旅途漫长，活出最丰盛的生命。

刘欣

2016 年 11 月 21 日于北京家中

前言　不能忘却的纪念

这里展示了一些过去 6 年来我从 0 到 1 创业中的图片记录。这些图片真实地记录着我 6 年来创业的点点滴滴。

我 2011 年上大学，那时我已经在互联网上开展生意。学校寝室就是我的办公地点，每天坐在寝室的电脑前折腾，那时网上有很多事情需要处理，都是我一个人搞定的，那是单打独斗就可以搞定很多事情的互联网创业时代。

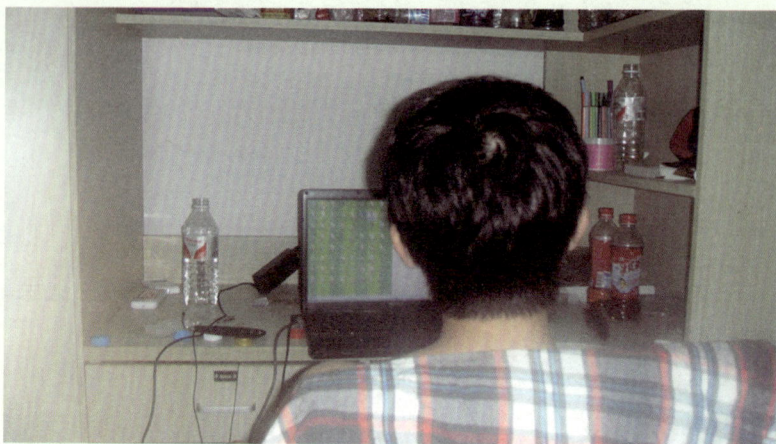

　　上图是大一时在大学宿舍里的照片，我每天忙着折腾网站，网上一堆工作要做，网站程序，美工，营销推广，所以我们宿舍乱得一团糟，哈哈。

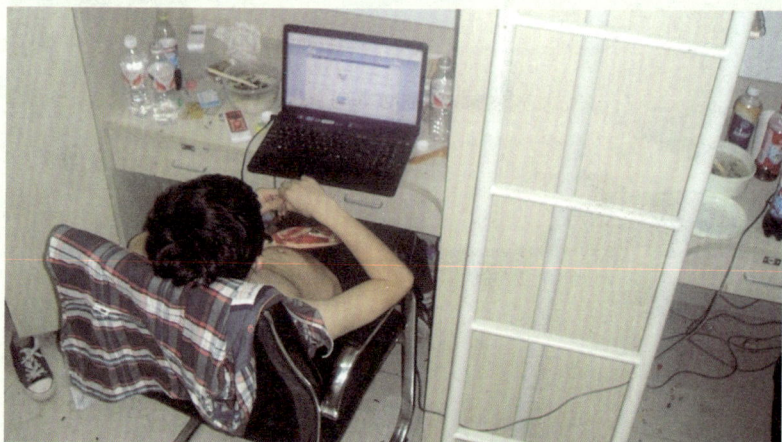

　　我们宿舍的几个直男们很少打扫宿舍，大学生们在宿舍多半忙着玩儿游戏，而我在他们面前显得比较神秘，因为起初他们并不懂我每天在做什么。其实我每天就在玩儿一些比他们玩得更有趣的建站游戏。

　　起先我是一个人在互联网上折腾我的生意，但很快很多事情一个人搞不定了必须需要团队了，大二时，团队已经有好几个人，我建立了第一个公司和独立的办公地点。

　　学校支持我创业，于是就给了我一个门面作为我们公司的办公地点。当时非常开心，上图手里拿着锁的男生就是我。

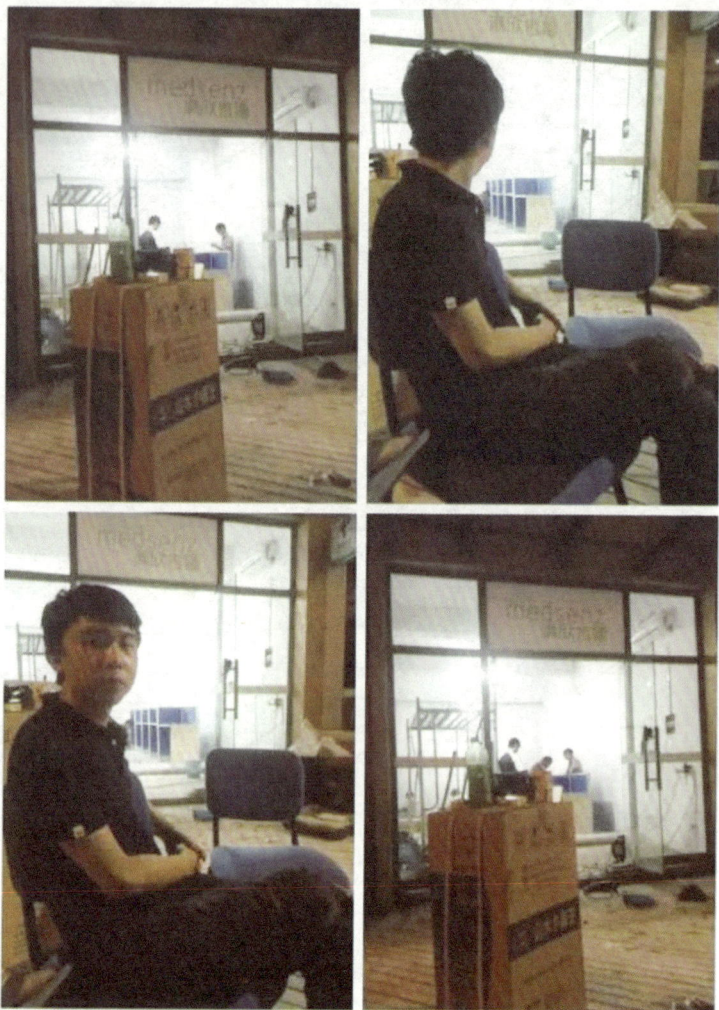

这是第一次我们拿到办公场地的时候！我们正在装修。

办公室需要简单的装修。因为预算非常有限，我们只花了2000 元的成本，大多数事情都是当时团队的小伙伴自己搞定的。

这是我们第一个办公室装修时的照片

装修好以后，我们团队的
几个小伙伴几乎日夜都在这个
小空间里工作。

看上去还亮堂，但廉价
的装修其实待得并不舒服。
不过不要小看这个逼仄小工
作室，那时候在这个小空间
里管理着很多流量的网站群。

那时候我们工作到很晚，常常就这样打个地铺睡在办公室里面。

不过后来我就不睡了，因为有一次我就这样睡在办公室里，关灯后竟然有只老鼠从我身上爬过去，我就再也不睡在这里了。

那时我做了好多好多网站，自己早已记不清楚了，右图是一个当时我们做的网站的截图，大概就是教别人怎么运营网站的网站。

记得这个网站的程序是用的 phpwind，前端是我自己写的。

不过这个网站也只是我那几年里运营的数百个网站的其中之一，那时的草根站长们都一样，一个人建站无数。

　　大二赚了些钱的时候，买了辆十万出头的车子。当时在微信朋友圈里发出来，向同学们好好炫耀了一番。那时候在上学，还停留在炫耀一辆车子的时代，哈哈。

那时我们在互联网上的网站群已经拥有非常大的流量，当时还在上大学，其实对商业也不是很懂，也不懂融资，只知道可以脚踏实地地边上学边把我们的流量变现就好。

大二时，在学校老师的帮助下，我们搬进了更好的大学创业园办公区，团队在业务上、管理上都更规范了一步。

这个过程中走过了太多的弯路，但还是在不断前进，营收也越来越好。

　　在大学生创业园没待多久，爱折腾的我们又开始做一些新的本地电商方面的业务。

　　因为团队在扩充，原来的地方坐不下，为了节省成本我们创业团队又搬到上图那个很破的民宅里办公。这里是当时我们团队成员以及员工吃饭的地方，算是我们自己的食堂。我们团队每天都在这里吃饭。

我们公司提供食宿，条件是异常的简陋，屌丝互联网创业。真的和农民工宿舍没任何区别！

当时我们的业务是和零食相关的电商，小伙伴们正在处理货物。

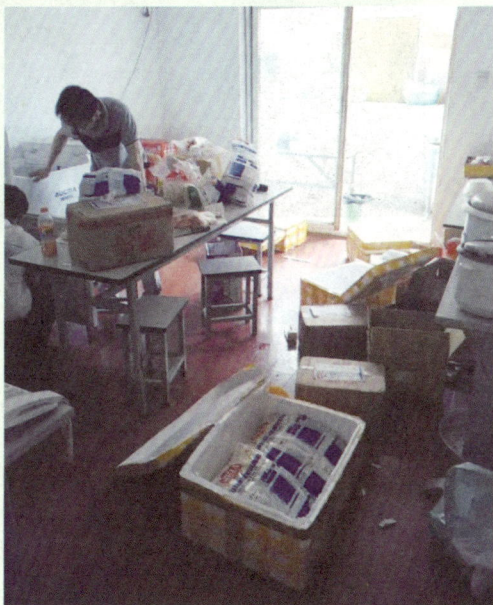

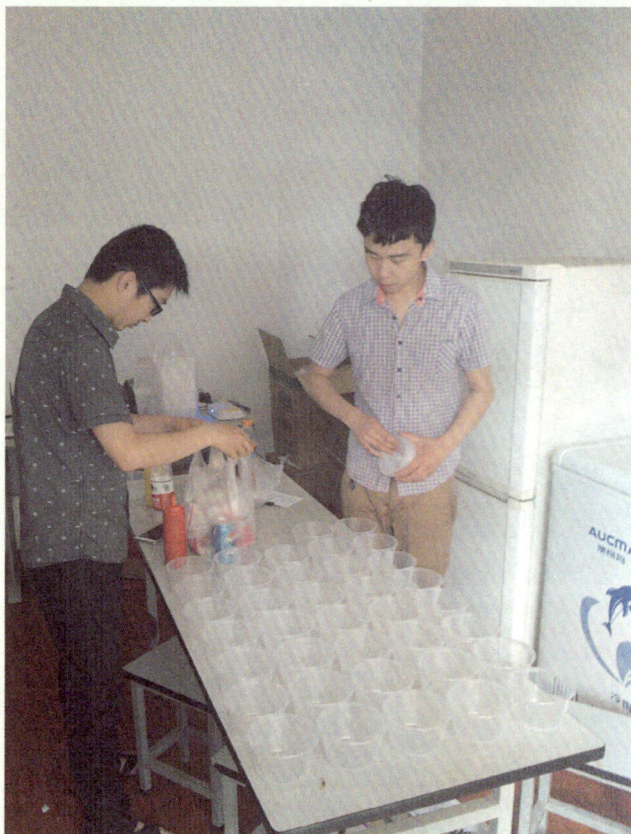

　　那时我们的团队其实线下的人偏多。线上所有的事情都是我在做，从程序、设计到运营等。但有的时候我也会参与线下的事情。

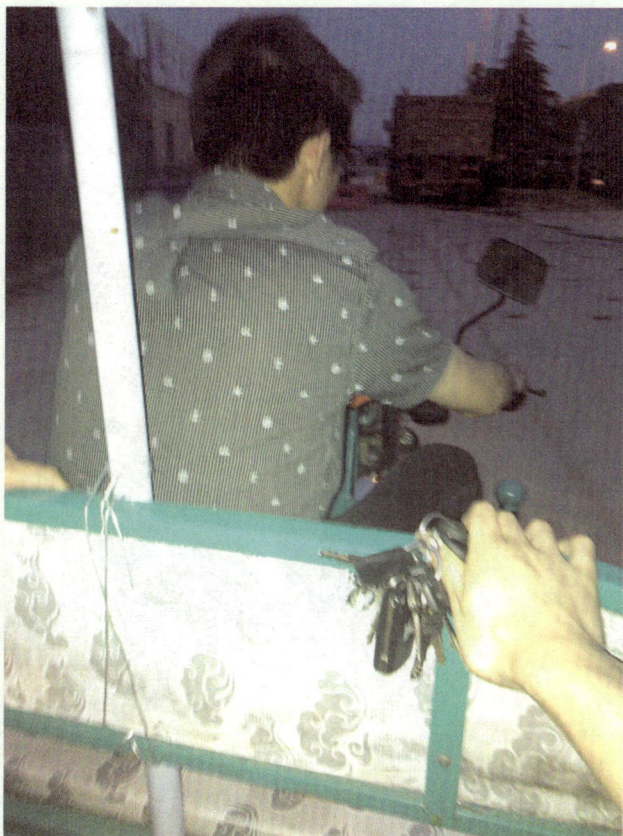

　　当时需要拿货，经常天刚蒙蒙亮，几个小伙伴就骑着一辆三轮电动车出发了。

　　那段时间，真是我人生中最屌丝的一段时间，但也很快乐，它让我的青春变得非常丰富。

　　我们简陋的办公区旁边是互联网公司的创业园区。

　　那些互联网公司虽然在看似高大上的产业园里，但实际上他们具体的业务并不一定比我们好，都在浮夸。而我们虽然很low，但是业务非常繁忙。

　　一忙，一累，晚上一失眠，我脸上就长痘痘。最近也长了痘痘。

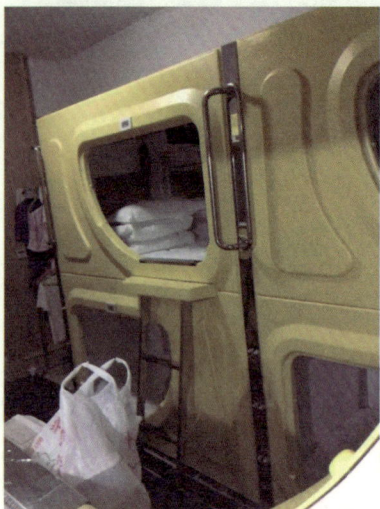

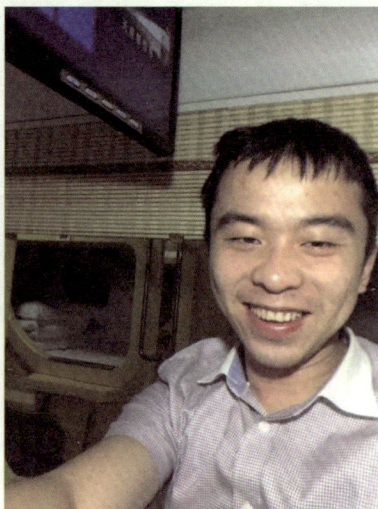

前面讲的都是大学时代的事情，后来我毕业了，有一天我决定去北京，说走就走，办公室里所有的东西都没来得及收，打印机，电脑，家具，都没有处理，就走了。一直到今天都没有回去过那个办公地点，东西估计早就没有了。

来北京的第一个夜晚，我们住在南站旁边的一个太空舱旅店里。其实那时候，我已经算是财务小自由了。

但还没学会花大钱，感觉住什么地方都一样，我们就随便住在这个还算干净的太空舱旅馆里，主要我们真的是不懂北京的情况。

　　来北京后，我们加入了一个朋友所在的互联网公司，当时公司已经 B 轮融资且是腾讯战略投资的公司，拥有百名员工。我们至此又来到了宽敞明亮的写字楼里办公。

　　在这里，我个人也成长得非常快，快速到我在该公司就待了 5 个月，5 个月里我对互联网，对创业就有了完全崭新的认知，这些在这本书里也会详细提及。

因为种种的机缘巧合，我还是出来创业了。

我们在中关村租了一个办公室，开始了在北京的创业。右图是我们从苏州一起来北京的小伙伴，我给他们在新的办公室拍下了这张照片。

我们很快就买了新的办公桌椅，几个人连夜把办公室弄好，希望尽快开干。当时我们已经确定了接下来要做的事情。

在中关村创业这段时间以来，说实话，做得还不错。无论是业务还是营收都不错。

依旧是做微信与流量方面的一些事情。我们做了很多微信上很火的应用，自己也获得了很多流量，并且开展 to B 业务，很多知名公司都是我们的深度客户。

　　业务增多后，2015 年我们还在上海设立了分公司，在上海，我们租了高大上的江景写字楼。在上海的公司，我们主要做一些新业务并服务一些上海周边的客户。

　　在上海开设分公司的时候，我个人已经获得了千万资产的财富了。

　　但是看上去还是那么的屌丝，其实我应该长得比照片里好看一些哈，但平时创业太忙，没什么空收拾自己，唉，所以我接下去不能再这样了。

这两年来，也有越来越多的媒体开始关注我。

例如左图这样把我描述成"大牛""大神"。其实我就是一个很普通的屌丝创业者。

在这本书里你会看到我每一个节点上真实的经历。

家乡的领导也都非常关心我的创业，江苏省的省长，副省长，南京市的市长等领导都关心并会见过我。左图是南京市的缪瑞林市长与我和我团队的小伙伴。

在我这几年的创业旅途中有过太多人对我的支持与帮助，也借此机会感谢这几年来帮过我的人。

以上是这几年有代表性的一些图片记录，在这本书里，我也会细致地分享出我从 0 到 1 实实在在的经历与感受。

其实每年我依然在更快速地成长，2017 年也正值我人生中重要转型的开始，青春是回忆与憧憬的天平，我想我会以一种崭新的姿势面对我数年后的 30 岁，但愿我们旅途漫长！

目 录

PART 1

我是互联网原住民

PART 2

从零到一的过程

PART 3

在帝都的日子

PART 4

现在在做的事情

第一章

我是互联网原住民

1.1　有希望
　　的人生会有阳光

　　作为一个 90 后生人，电脑无疑是童年时代最具有魔力的东西。

　　小学一年级学校就有了电脑课，而电脑课是体育老师教的。体育老师教电脑，现在看来是一件段子式的事情，但那时候也很正常。

　　那时学校的电脑还是 DOS 系统，老师就教一些简单的 dos 命令，比如 dir，cd 命令等等，不懂啥叫 dir 命令，cd 命令？不懂没关系，反正就是一些正常人永远用不上的东西。

　　我至今都记忆犹新，电脑教室的后墙上挂着九个大字"计算机要从娃娃抓起"，每次上电脑课还要穿什么鞋套，像进实验室一样。电脑则像精密仪器一样，还不许我乱动，我好几次在老师讲一些枯燥东西的时候忍不住要摸键盘，摸电脑，摸屏幕开关，结果都被骂得好惨，罚站也有过 n 次。

　　那种听一个体育老师讲 dos 命令的电脑课着实非常枯燥，我不喜欢。

我喜欢我爸爸办公室的电脑，windows 的系统，虽然没有游戏，但是可以用电脑做很多好玩儿的事情。

windows 上装机自带的软件我摸得滚瓜烂熟，此外我还自己摸索用 frontpage 生成一些网页，用 fw、ps 做一些动态的图片和字体，那时候就玩儿这些，觉得很有意思，大量的零花钱都花在了 5 块钱一张的电脑软件光盘上。

彼时并没有一个人会关注我在电脑上做出来的小玩意儿，我就是自己玩儿，自己乐在其中。

很多少年天才的故事都会描述这些天才幼年时也热爱计算机，热衷编程，必然会攻破了哪个网站系统，政府或学校的网站后台。

但我和那些少年天才的爱好是有区别的，我也远不是什么天才。虽然都是热爱电脑，但我其实对计算机的技术、编程，以及理科思维的东西并不是特别感冒。我更热衷于通过计算机做一些好玩儿的、好看的东西，比如做一个 flash 动画，做个人网页、动态图片，给一个电脑安装不同的系统，使用各种各样奇怪的软件等等。

后来当开始互联网创业的时候，除了迫不得已需要学习一些技术层面的事情外，我更多的兴趣依然不在技术上。

我的兴趣在于通过计算机、互联网获得我想要的东西。譬如说俗一点，通过互联网做出一个能赚很多钱的东西我就会非常开心，通过互联网获得很多流量和关注我也会很开心。

但对于攻破某个重要技术，找到某个网站的技术漏洞这类事情，我并没有太多兴趣，除非那项技术是能直接带来回报的，否则我可没有那种当极客、当黑客的快感和兴致。

那时候我很喜欢电脑，我就立志长大要成为一个电脑工程师，虽然并不懂电脑工程师到底是干嘛的。或许"电脑工程师"

这个职业在我那时的思维里就是可以依靠电脑而谋生赚钱的人的统称。我就希望我长大后可以通过电脑来谋生赚钱，因为那是我喜欢的事情。

其实我自认为一直以来我有一个很好的特质：我会因为自己喜欢的东西而拥有目标。

彼时我没有向任何人叙述或炫耀我的目标，只是放在自己心里面，告诉自己长大要做这个电脑工程师。其实在日后的人生里，我的目标和梦想变化过很多次，但庆幸它一直存在。

也许有人会说"有目标"也能算特质吗？谁没有目标。但你别说，事实上我看到很多人，他们其实还真没有目标，真没有梦想，甚至很多学习成绩很优异的同学也没有。

很多人的目标或许也仅限于接下来的考试要考多少名这样，但他们根本就不知道自己想要的人生版本是什么，想要成为什么样的人，想要赚多少钱，想要过怎样的生活，想要被别人何等地尊重。

历史课本告诉我们，人和其他动物的不同在于人会制造工具，使用工具。但在我看来人和动物最大的不同还在于，人是一种需要希望的生物。前段时间歌手乔任梁因为抑郁症自杀的事情，网友们都很吃惊，是的，人就是这样一种宁可结束生命也不愿意忍受绝望的生物，而猪只要吃饱喝足永远是不会自杀的。

我不是有意在第一节里就要说什么心灵鸡汤，我只是觉得"目标"和"梦想"这种被几代人说滥了的大道理式的辞藻确实又是那么地稀缺！我们做任何事情，创业也好，做一番其他的事业也好，我们时时刻刻真的都需要有明确的目标与希望，有目标我们才会有坚持下去的欲望。

在我25岁的今天，我回过头去看我从小到大的经历，我觉得我身上和别人确实有那么多不同，但其实每个人都是不一样的个体，每个人都有那么多的与众不同之处。

我其实又是一个普通得不能再普通的人，我既非富二代，也非学霸，但今天我的同龄人大多都还在忙着找工作，在职场上做着比较基层的工作，而我竟然因为幸运而在从大学至今的几年中获得了数千万的财富，我想我都可以的话，那其实每个人都可以，但是必须要目标明确，虽然明确的目标在充满变化的世界里，可能是不受自己掌控的，是会变化的，但变化没关系，关键是要有！

没有明确的目标，就没有追求目标的欲望，其实做任何事情都很难做成。

我庆幸自己在很小的时候就有自己坚定想要的东西，并且坚定甚至盲目地相信我一定可以得到。其实日后我做的很多事情，看上去是那样的现实，拼命地追逐商业利益，在这本书后面我也会写到我如何在互联网上追逐利益，但请相信我的底层完全还是梦想在驱动。

有人会说我每天只会赚钱，年纪这么小就只想着赚钱、变现。其实他们根本就不懂，我也不会告诉他们，我其实永远坚定地相信爱与梦想。

也正是因为爱与梦想，才让我在日后的人生中无论经历什么样的境况都能永远往前看，而不往后看。

1.2 我的第一台电脑

　　上一节我说过，我从小学一年级的时候学校就有电脑课，那时才 1998 年。

　　虽然彼时的电脑课很无聊枯燥，我也不喜欢，但客观的说，那时候能从一年级就开设电脑课，本身也挺先进了！

　　我的家乡在江浙，还是属于比较富庶发达的地区，经济的发展让老百姓们能够更轻易地接触到一些更先进的事物。

　　而我到北京以后遇到过很多的同龄人，他们中有的出生在比较贫穷的地方或者比较偏远的农村，社会经济发展多半不如我的家乡，家庭条件真正比我好的其实也不多，他们许多现在还是搞互联网相关工作的。

　　他们告诉我他们在小学的时候压根儿就没碰到过电脑，完全不懂电脑是怎么一回事儿，有的到初中以后才开始第一次接触到互联网，到大学以后才开始真正有大量的时间和机会去摆弄互联网。

　　有几个同龄人甚至告诉我，他们因为出生在比较偏远的农村，家境很一般，童年、少年时代一直被应试学习笼罩着，真正开始接触互联网就是到大学的时候，甚至没怎么经历过 pc 互联网时代，直接到达了移动互联网时代，小时候根本不懂什么叫 u 盘，什么叫博客，什么叫贴吧。

我问他们是否知道什么叫"3.5 寸软盘""光驱"，他们甚至完全没有听过，这也让我感到很吃惊，中国有那么多人，而我们所经历的世界并不代表所有人，这也让我挺庆幸，自己从小还能生长在相对比较开放的环境里。

我是属于互联网的第一批原住民，有幸在很小的时候就接触到计算机和互联网，并且深深迷恋上互联网所带来的吸引力。

我还在上幼儿园的时候，家里就有了一台"假电脑"叫"小霸王学习机"，这玩意儿诱惑力也很大，可以学打字，还可以装上各种各样的游戏卡玩小游戏。

这玩意儿算是我的计算机启蒙了。

小学的时候，我在班上最好的朋友名叫樊荣，他父亲是一个比较前瞻的人，我记得我们才一年级的时候他家就买了电脑。

他家住在我们小镇的西边，在一条小河边，离我家还挺远，但因为他家有电脑我就常常跑到他家里去找他玩儿电脑，他家里人也不小气，虽然电脑平时关机的时候，都有一块布蒙着电脑屏幕。

但是我去找他玩儿电脑的时候，樊荣的父亲就会小心翼翼地把电脑上的布掀开来，让我们玩儿，不管我们怎么折腾电脑都不会说什么，有时候还会教我们一些操作上的小技巧。

樊荣这哥们儿那时候的理想也是成为比尔·盖茨，我俩常常在一起吹牛，现在不知道他在干吗，好多年没有联系了，他估计做梦也不会想到，在很多年以后的今天，我会把他写在这本书里。

他家里有很多的光盘，电脑上也有游戏，我每次看他一本正经地拿出光盘，煞有介事地对着光盘哈一口气再擦一擦放在光驱里，我就满心羡慕他。

他家里就有电脑，我家却没有，我家只有一台我渐渐玩儿腻了的小霸王学习机。而且樊荣当年在班上的核心招牌就是"家里有电脑"，这可是他在班上的金字招牌，确实这也是很大的事情，那年头有电脑的家庭实在太少了。

我就常常幻想，我家要是也能有一台电脑，那该是一件多么美轮美奂的事情，我就可以坐在卧室里，操作鼠标，键盘，打开红色警戒，星际争霸，想想都觉得不可思议！

但那几年里陆陆续续我们班级上好几个同学家里都有了电脑，人家家里有电脑这个消息，我现在也不知道是怎么得到情报的了。反正家里有电脑的几个同学都变成了班上的班红，节假日其他小朋友都会去他们家里玩儿。

我希望家里也能买电脑的愿望也越来越强烈了，我决定我也要开始游说我的父母买电脑！

起初我和父母说要买电脑，肯定是被拒绝的，但电脑普及的速度事实上确实非常快速，他们的工作中也越来越频繁地接触到电脑，而且很多同事家里也开始有了电脑。

我开始每天加大力度软磨硬泡要求父母买电脑，我把我们班上所有家里有电脑的同学的名字全部列出来列了一个清单给我爸妈看，清单上我连对方父母的职业和家庭住址都列得清清楚楚。

我给我爸妈看，你看这些小朋友，他们父母是老师，他家里买了电脑，那个小朋友他父母是医生，他家也买了电脑。有学问和见识的家长都买了电脑，为什么你们不买？

清单渐渐越列越长，家里有电脑的小朋友越来越多，父母在单位里，社会上也越来越意识到电脑的普及性和重要性。有一天我父母终于被我说服了，决定！买！电！脑！

那时候买电脑还分品牌机和组装的兼容机。我家人托朋友买了一个组装机。在买电脑之前，我书面承诺了，绝不沉迷于游戏，而且接下来会好好学习。

终于我小学三年级时家里有了第一台电脑，操作系统是windows me，我家的电脑没有联网，而且在未来好多年都没有接入互联网。不过在当时的情况下，我也不敢奢望联网了，能有一台电脑已经是异常美好的事情，足够我发挥了。

我记得我拿到电脑的当天晚上就把红色警戒这款单机游戏给装好了，我妈妈当晚就气得骂我说话不算数，不过我已经兴奋得完全不能控制自己了……

后来我的大量零花钱也都用于购买5块钱一张的软件或游戏光盘，小镇上有两家小店是卖游戏光盘的，我最大的乐趣就是在那个篮子里挑选光盘，然后回家安装程序。

一张光盘里有几个安装包，我把程序安装到自己电脑上以后，光盘可能就没用了。我那时候零花钱也不多，我就想了坏办法，光盘安装好以后我就去找软件店的老板，我和他说，这个光盘里的游戏不好装，能否换一个其他类别的光盘。

小店的老板不忙的时候，就会来验证，一看可以安装，就不让我更换。但我抓到规律，有的时候小店的老板很忙碌，客人很多，我说光盘不好装要退换，他也懒得测试，就直接给我换了，我就可以重新挑选一个光盘回家继续玩儿。

这样的策略屡试不爽，最终小店的老板都认识我这个小孩儿了，知道我的套路了，表示再这样就封杀我，不卖光盘给我了，我也就不敢这样搞了。

钻研家里的第一台电脑带给我童年太多的惊喜和欢乐了。

童年时代环境总体是好的，而且对我日后的人生也有了千丝万缕的影响，庆幸自己是科技与互联网进入中国的第一批原住民。

在日后的岁月里，这台赛扬处理器的电脑陪伴我走过了很长一段时间，我用它玩了好多单机游戏，影响了学习，但同时又学到了很多很多一直到今天都受用、实用的知识和技能。

1.3 网吧里
的巨大诱惑

其实在我家里买第一台电脑之前我就去过网吧了，而且我家的电脑买了很多年都没有接入互联网，所以在我某一段时光里网吧是一个非常重要且具有极大诱惑力的场景。

大概是在 2000 年左右，具体时间我也不记得了，我们的县城小镇上突然就开了三四家网吧，那时候"上网"又被称作"网上冲浪"，网吧门口都贴着"网上冲浪"的牌子。

现在看来不太懂上网与冲浪有啥联系，可能那时候互联网正是西方世界传播到中国来的巨大浪潮吧！

但大人告诉我，网吧这地方小孩儿不能去。还有人告诉我，网吧这地方好人不会去，都是混混、痞子才会去，就和游戏厅、台球厅、录像厅一样。

但我显然就是那种从小就爱偷食禁果的人，而且我在更早之前就听过互联网的神秘传说。我听过电视上一个关于互联网的新闻报道，大意就是说某个中国的孩子通过互联网就可以和远在华盛顿的美国总统克林顿联网。

我当时觉得特别的酷，等县城里有了网吧的时候，我每次从门口路过的时候就特别想进入这个神秘的世界，但又不敢进去。

每次从网吧门口路过的时候，我都会注视着里面的电脑屏幕，这些电脑屏幕上有的开着看似精彩纷呈的游戏，有的开着我看不清的绚丽的窗口，天呐，这一切对我诱惑实在是太大了！

我决定我要去网吧！我外婆家不远处的桥对面就是一家网吧，有一天傍晚我在外婆家吃完晚饭，我就说我要回家了，我家离外婆家也不是很远，我问外婆要了几块钱说要买东西吃，外婆给了我5块钱。

那天我就鼓足勇气跑到网吧里去了，我和老板说我要上网，但老板估计也没见过我这么小的小孩儿来网吧，竟然不让我上！

但我非常坚持哀求我就是想上一会儿，老板没辙，给我开了一台机。但我根本就不会啊！

那天坐在我旁边上网的是一个比我大好多岁的姑娘，约莫十八九岁，印象里是一个漂亮芬芳的姐姐。我自己也不太会，我就看着她的屏幕，她正开着聊天室，我就看着她玩儿。

看了一会儿我指着她的屏幕跟她说：姐姐，你能不能教教我这个怎么玩儿，能帮我也把这个聊天室开出来吗？

她说：你太小了，这个是大人玩儿的。我教你玩儿游戏吧！于是她开始操作我的键盘和鼠标，帮我开游戏，网吧电脑里的游戏有很多，她很耐心很认真地教我，至今模糊的记忆里，我都记得这个姐姐喷了香水，挺漂亮的。

但在我内心里，她虽然很认真耐心地教我玩儿游戏，但可能是被大人影响，我知道网吧里可能有好多没出息的人，这个浑身香喷喷的漂亮的姐姐应该也是一个混社会的女痞子吧！

但我也在疑惑，为什么没出息的"女痞子"对我也挺好，认真耐心，没有想象中那么浪啊。

这是我第一次进网吧的经历，因为彼时网吧的诱惑实在太大了，记忆犹新，再后来我的小学初中时代里也泡过太多次网吧。

我们县城不大，城里的网吧就那么多，找得过来。以前经常我爸妈找不到我人了，就去网吧抓我，搞得我坐在网吧里经常胆战心惊的，但即便胆战心惊也要冒着生命危险去！诱惑实在太大了，我被父母抓过，被同学向老师检举过，因为这事儿被打骂过太多次。

1.4　沉迷
　　网络游戏

　　我现在是不玩儿网游的，偶尔试着去玩一些但也没有耐心进行下去。

　　而我严重沉迷于网游的时候，是小学三年级。那时候《热血传奇》这款游戏的火爆程度远超过今天任何一款网络游戏，《传奇》似乎就是那个时代网游的代名词。

　　那时小学生们平时接触网络游戏的机会是不多的，大多都只是在玩儿一些《红警》《仙剑》之类的单机游戏而已，更很少有沉迷于网络游戏的，而我却是个例外，我是班上最顽皮的学生之一，胆子很大。

　　我因为经常看到电视上在讨论时下最火爆的《传奇》游戏，我就知道了有这么一款游戏的存在，而且还是一款网络游戏，我起初并不懂到底什么叫网络游戏，但不明觉厉，想要尝试，我从小想要尝试新事物的欲望就非常强烈。

　　而且媒体上这款游戏这么火，我们班上的一帮小朋友却没人接触过，我觉得我得要和他们区分开来，我要是玩儿了《传奇》，就可以比他们牛逼前卫。

于是我开始找机会去网吧玩儿这款游戏，我在网吧里学会了注册账号密码，开通了我的游戏账号。

很快我就迷恋上了这款游戏，渐渐地它对我就像毒品一样有吸引力。每天上课时满脑子都在模拟游戏情节，学习成绩也是那时掉下来的。

周末一有空闲的机会我就要去网吧练级。那时候这款游戏还要充点卡，一次充卡需要35块钱，这对于我来说是一笔巨资，此外网吧里的上网费对于我一个小学生来说也是巨资，于是我就常常省吃俭用存下钱去花在这上面。

我记得那时候我在网吧的小圈子里还是挺有名的，因为我游戏的级别还是挺高的，常常我在网吧里玩儿后面都会有人围观我的屏幕，印象里那时候这款游戏练到35级就是比较高的级别了，而我苦练到37级，早年1.76版本的《传奇》37级已经挺高的了，这个过程花费了我近两年的时间。

记得我把游戏练到37级的时候，有一天我在游戏中打一个boss怪，把怪打死以后，爆出了一个叫"裁决之杖"的极品装备，这个武器当时在游戏里是很稀缺的一个极品。

全网吧的人都轰动了，都过来围观，在他们的游戏生涯中，很少在同网吧里见识到这样的极品武器。

那时候我感觉自己挺牛的，至少比网吧里这帮比我大很多的孙子们牛不少。我爆出那个装备以后，网络上有一个玩家说要和我通电话，想要收购这个装备，我那时候也没有手机，他给我留了一个电话号码，我就去公用电话上给他打电话。

他说他愿意出1000元买我这个装备。1000元对当时的我来说可以说是巨资啊！

但我也害怕是骗子啥的，我就说让我考虑考虑吧。但他非常诚意，他说他住在常熟市，离我所在的县城也就很快的车程，可以来当面交易。

我说让我考虑考虑。

于是我就到网吧里把这个消息告诉网吧里的人，网吧里的人都一致告诉我，千万不要卖。他们理由是：这个武器很稀缺，以后可能会更值钱，而且 1000 元卖的话就太亏了。

虽然 1000 元对于当时的我来说是巨资，但是我也觉得网吧里的朋友说得有道理，就决定不卖了。

我把武器存放在游戏账号的仓库里。

但不久后发生了一件突如其来的事情，我的游戏账号竟然被盗号了，那是我小时候最黑暗的一天。

我至今记得，那是一个周六，清晨六点钟我就以去同学家做作业的名义出门，来到网吧，可那天登录游戏怎么都登不上，一直提示密码错误，我怀疑是不是被盗号了。但我完全不敢相信账号被盗的事实，但后来还是绝望了，不仅仅是那把值 1000 多元的武器没了，整个游戏账号都没了，没得玩儿了，我回到家一个人哭了整整一天，这可是我两年多的心血啊！

以至于后来很长一段时间里，我很多次去网吧都要重新登录那个账号，都幻想着神奇的事情能发生，幻想着我能重新输对密码能生效进入游戏。

那时候很多盗号的人盗号手法很奇葩，并不一定像今天一样通过木马病毒盗号，而是通过物理的方法盗号，比如你在网吧输入账号进入游戏的时候，可能有人站在你后面偷偷看你输入密码……

我到今天隔了这么多年，那个游戏账号的用户名和密码我都清楚地记得，但遗憾的是被盗号后就再也没进去过。

账号被盗的事情对我打击很大，之后我就再也没好好练过自己的账号了。

而且这件事情也让我明白了一个很重要的道理，我日后在互联网上做很多事情还真都是受到这件事情的影响：

我觉得很多事情是不可预料的，尤其是互联网上的东西，当然今天的互联网和彼时的互联网已经有了天壤之别，但是互联网确实有它虚拟与不可控的一面。

我在后来做很多事情，做网站，做流量，能卖的就尽量先卖，能变现的就尽量先变现。

这本书的后面也会写道，我日后做过很多网站和公司，我做了一半决定要卖的时候，每次都有像小时候网吧里让我不要卖那个武器的人一样出来煞有介事地告诉我：不要卖，沉住气，你这个能值大钱。

但我学会了要果断相信自己的判断，有的气其实是不能沉的，沉着沉着就沉散掉了。

小时候我要是果断把那把武器以 1000 元卖掉，即便后来被盗号，我估计也可以利用那 1000 元东山再起。更何况那把武器在后来《传奇》改版后跌得一文不值。

但还好我在我的创业生涯中，也正是因为果断地把早期的一些网站出售套现，为后来做更多的事情积累了资金和子弹。

1.5　沉迷网游后的创业萌芽

继续说迷恋传奇的时代。

《传奇》游戏在那个时代里真的是越来越火，当时这款游戏的出品公司盛大网络的陈天骄也因为这款游戏而登上了中国首富的位置。

但后来在游戏界发生了一件大事，盛大网络也不懂怎么回事，昏头昏脑地把《传奇》的源码给流露出来了，源码流出来，你可以理解成这款游戏的程序被破解公开了。

发生这种情况后，就意味着只要是获得了源码的人，都可以做一个和盛大网络一模一样的传奇游戏。

于是很多《传奇》的私服出来了，这也成为了当时乃至很多年以后互联网上一个相当相当赚钱的产业。所谓私服就是，同样的游戏，但非官方出品，任何一个获得了该游戏源码的人都可以搞的一个私人游戏服务。

消息灵通的我，很快在网吧里听说了这个消息。

听说传奇私服里玩家刚出生就可以是很高的级别，无需像官服那样苦苦练级，这让我非常兴奋，找了很多私服去玩儿并一直沉迷于此。

传奇私服玩儿了好几年，有一天在一个网吧里看到网吧老板竟然自己请人搭建了一个私服，网吧里的人都在玩他的私服。老板自己就是游戏管理员，我看到他在游戏里只要输入命令：变某某装备，就能变出想要的游戏装备，想给哪个玩家调到几级就可以调到几级……

那天我兴奋不已。我就问网吧老板，怎样搭建一个自己的私服游戏，他说他也是花几万元请别人做的，这得需要技术能力。我说我自己有没有可能做出来，他说你一个小孩儿怎么可能做出来呢，都是专业的人弄的。

但我就是不信他说的话，我决心也要试一试，我要是自己整出一个属于自己的传奇私服游戏那得多酷。

那时候我才十三四岁，好像是刚上初中不久，这段经历和后来做网站的经历有些类似。但彼时我决心要从 0 开始搭建一个传奇游戏，是有难度的，困难如下：

1. 我对搭建一个互联网游戏的传奇私服的技术原理是完全没有任何概念的，完全不懂该从何处下手。

2. 那时我连身体都没发育好，我的脑子就更没发育好了，脑子相对于那些成年人的私服运营者来说肯定是很笨的。

3. 那时候我根本就没有钱！

4. 平时周一到周五我都要上学，没有充足的时间去研究与执行。

况且也没任何人会教我怎样做一个私服出来，我就完全摸着石头过河，周末我就想办法溜到网吧里。网吧里所有人都在玩儿游戏，就我开着各种奇怪的计算机程序，别人都觉得这个小孩儿很奇怪。

　　我在搜索引擎里搜索了很多关于搭建传奇私服的资料，渐渐弄明白了要把这事情做出来，至少需要三种原料和路径：

　　一个是服务端的程序。

　　一个是包括 dbc 的数据库管理程序，游戏登陆器等等一系列的程序。

　　最后还需服务器。不过先开始可以不用服务器，可以在本地的电脑上测试。

　　所以按照路径我得先找个好用的传奇服务端源码，网上有很多这样的源码可以下载。但下载后发现根本不好用，安装好后都是黑屏。通过搜集资料学习，我了解到这种情况基本上都是程序源码有问题，好用的源码基本都得付费，但付费的源码动辄都要几百上千元，我不可能买得起，只能继续找免费的。

　　其实私服的架构方法我都摸清楚了，眼下就是需要找一个好用的程序源码。但我想了很多办法，试了无数个免费源码却都不奏效。

　　但后来的解决方法是，我到私服列表网站里找到几百个私服游戏的客服 qq，这些客服有的就是游戏的老板本人。这些老板既然能开私服，那他们肯定有源码。我就和他们聊，求他给我一份源码，可是没人会免费给。

　　有一天我找到一个私服运营者的 qq，我加 qq 后就开视频和他聊，我告诉他我是一个初中生，想做一个私服自己玩，但实在没有钱，求他帮我把他的游戏源码复制一份给我。

　　他说，可以低价 100 元卖给我。但当时我实在连 100 元都没有，我说我给你冲 100 个 q 币行不行。他说可以吧。

　　那时腾讯公司冲 q 币可以用固定电话拨打 16885885 这个声讯电话充值，我就偷偷用自己家的固定电话给这个老板冲了 100 元 q 币，后来他给我发了一个好用的源码。

当然后来我家长交电话费的时候发现了这笔 100 元的 Q 币充值订单，又把我骂得很惨。

但这老板 100 个 QQ 币卖给我的源码在本地电脑上测试得很棒，终于解决了一个大问题，接下来要解决的问题就是服务器的问题，而关于服务器，有两个问题：

1. 服务器的租用价格太贵，价格远比一个传奇程序贵很多，租的话，绝不可能租得起。

2. 就算有了服务器，我也完全不懂服务器怎么使用。

不管了，先到网上搜点资料学习学习吧，至少得先了解一下到底啥叫服务器，做传奇需要哪个类型的服务器。

关于服务器方面的知识也很快就学会了。

学习方法很简单，就是通过搜索引擎按需学习。那时十几年前搜索引擎就可以帮我们很好的解决问题，现在互联网上的信息翻了 n 倍，大多数知识其实都是可以按需学习的。

这时候我该想想怎样弄一台服务器了。

我观察了服务器运营商的网站后，我发现拥有一台服务器，其实并不困难。

因为那时候的服务器运营商，为了营销所租售的服务器基本都有免费试用期限。有的可以试用三天，有的可以试用一个星期。

我不断试用各家的服务器不就行了？试用期结束我再换一家不就行了？于是我开始试用服务器，然后把传奇程序架构进去。

不久后我的游戏终于上线了！那天我特别特别特别开心。后来我跑到网吧里给那个老板看看我的游戏，他也哑口无言了。

那时候的游戏产业和今天完全不一样，今天一款游戏获得用户的成本很大。而那时候我只需要把传奇弄上线，基本都有人来玩儿，根本就没怎么推广。那时候百度贴吧管得还很松，贴吧里居然还有"传奇私服"吧和"私服"吧，我就在贴吧里发了几个帖子推广，就有很多人来玩儿我的游戏。

我那时候运作这款游戏，完全没想过要通过这款游戏去赚钱。就是为了好玩儿，可以在游戏里面成为自己主宰的世界的真正老大！

我在自己的游戏世界里，把自己调成了最厉害的玩家，开着无敌模式加隐身模式，兴致来了，就瞬间把全城的人都杀光。我的游戏里玩家也不少，但他们肯定想不到这个游戏的主人竟然是一个十几岁出头的小毛孩儿。

那时候做这个就是觉得《传奇》有意思，兴趣浓厚就去做了。现在回想起那时候的自己，我都觉得自己很可爱，很聪明，想给那时候的自己一个大大的拥抱，这段经历没有任何的夸大。

如果我是一名家长或老师，我看到我的孩子或学生能这样自己钻研摸索做出了自己的网络游戏，自己玩儿得很high，那我肯定会非常欣喜，肯定会竭尽全力，砸锅卖铁也要去支持和维护他想做的事情。

只是那时老师和家人都认为我是玩物丧志了，他们永远也不懂我在做什么，同学们也不懂，家长也不懂，老师们更不懂，老师们只会简单粗暴地认为我有网瘾。

多年后的今天，自己还真继承了小时候的特长，所以我觉得我自己非常幸运和幸福，今天的我依然可以像彼时一样做自己最喜欢最有兴趣的事情，并且因此可以活得很好。

有这样机会的人并不多，但其实全部取决于自己。

1.6 学校里的
互联网小王子

　　初中时我便是班里的电脑积极分子，学校在计算机方面有什么活动或比赛，我都会踊跃参加，老师如果布置一个电脑方面的事情或任务，我都会最积极地完成。

　　因为我希望大家都知道我是"电脑高手"，借此让大家都佩服我。

　　但那时班上还有个男生也是走"电脑高手"的路线，那哥们儿也以"电脑高手"自居。但我赵日天并不服他，我俩经常互相较劲儿，比拼电脑实力。

但他却比我有一个优势：他的学习成绩比我好，老师更喜欢他一些，所以在我们班老师的口中，他才是我们班上的电脑代表人物。

这一点让我当时很气愤，不过回过头来看，我觉得我比他厉害很多，因为听说他毕业后做了一个和计算机完全没有任何联系的工作，他在我们县城某体制内的单位里当文员。

而今天的我却真的在我彼时的梦想里行走。

虽然当时我因为成绩不好，不被官方认可为班上的电脑小王子，但这并不影响我真实实力的发挥，哈哈。

我在刚上初一的时候，那会儿貌似刚刚有 QQ 群这样的形式，我就在 QQ 上建了一个群叫"如东实验中学第一群"，把我们年级里我所知道的有 QQ 号的同学全部邀请进来了。

我们初中一个年级有 20 个班级，一个年级就有 1200 多名同学，我当时很努力地寻找年级上每一个有 QQ 号的同学，然后把他们拉进我的群里，很快我的群里就有 100 多名成员了。

也就是说全年级有十分之一的同学都在我的群里了。

我的群非常非常地活跃，大家课余时间经常在我们的群里聊天，还在群社区里发帖子，群文件里传音乐。

这个群活跃主要有几个原因：

一个是因为我们初一的时候就开始玩 QQ 的同学，基本都是一些年级上比较赶时髦的同学，也是比较聪明、灵活、新潮的同学。这些同学都是校园社交达人，也是带动校园舆论的主力军。并且进入青春期后，这些同学也是最容易谈恋爱的，谈恋爱肯定需要平台嘛！

第二点，是因为那时候大家感觉 QQ 群这样的产品形态非常新颖，同学们也乐于以这样的形式交流。

再者就是人数多，年级的十分之一，相当于两个班的人都在我的群里，还是很有吸引力的。

我的群在同学之间知名度也开始越来越大，因为当时一个qq群最多只可以接纳200人，我的"如东实验中学第一群"200人很快满员，我又开设了如东实验中学第二群也满员，有400多名同学都在我的社群里。

记得当时的QQ群还有个功能，叫"群股东"，你只要往QQ群里赞助Q币，赞助最多的群友就可以成为群股东，群股东在QQ群中是有一些特殊权限与身份体现的，当时有好几个同学为了在我的群里成为群股东，都在互相竞价，可见我的群是可以给他们带去很强的优越感的。

我的群无需任何官方的认可，因为他本身是最活跃、人数最多的。所以在群友同学心目中，我的群就是最大的，我也因此在同学中因为建立了该群而得名。

当然我本身也就是校园里爱张扬、爱玩儿的学生。

当时年级上很多小道消息，谁谁谁和谁谁谁谈恋爱啦之类的八卦消息很多都是从我的群里传播出去。

很快很多老师也开始注意我的群，开始有传言说我的群里有老师潜水潜在里面，当然这也间接地表示了我的群是年级上最大最有影响力的群了。

1.7　绞尽脑汁
　　当上贴吧吧主

　　我今天之所以能如此幸运地做我自己想做的事情，我觉得离不开一些优秀的师长对我的帮助。虽然在学生时代，因为我本身个性也比较强，有时还调皮捣蛋，学习也差强人意，一直有很多老师不喜欢我，看到我就头疼，但是在我的学生生涯里，又有几个师长曾经真诚地给予了我非常重要的帮助和鼓励。

　　前面说到我们班上的老师虽然不承认我的"电脑霸主"地位，但我在学校的计算机界还是有重要影响力的，因为我的"如东实验中学第一群"还是比较有名的。

　　我们初中时，学校其实还是比较开放的，校园内部竟然有个官方的校园 bbs（后来关闭了）和非官方的百度贴吧。学校贴吧和 bbs 都很火，我当时也非常喜欢逛学校的贴吧，贴吧的吧主和 bbs 的管理员都是学校团委的老师。我当时就在想，我要是能成为学校贴吧的吧主和 bbs 管理员，那我在学校就真的风光了，我就真的是实实在在的学校的互联网小王子了。

　　我观察到学校团委书记是一个叫葛志斌的老师，他挺年轻，看面相也挺和蔼。

我开始评估能否和他搞好关系。我想办法要来了他的 qq 并加为好友，我就和他在网上聊天，没想到这个老师对我说：你就是刘欣，早就听说过你了，之前还想过要找你，你那个实验中学第一群我知道。

原来老师对我这个问题少年早有耳闻……我发现和这个老师交流起来还是不费劲的，他不同于一般那些只会讲大道理的老师，他也很愿意和我交流。我和他交流有很多共同话题，我的爱好，我做过的事情，我对一些事情的思考，他都会很认真地倾听，并且给我让我信服的建议，就这样我成功的和团委书记建立了关系，哈哈。

有一天我找了一个恰当的机会和葛老师说，我想担任学校贴吧的吧主和 bbs 的管理员，有没有可能性？

我还是问得比较谨慎的，我的措辞是"有没有可能性！"我就害怕他说，不可能！做梦！赶紧好好学习去！但他的回答却让我看到了希望，他说让我给他一个我来当吧主的理由，并且我得把担任吧主后对我自身的帮助总结一下。

我当时真的特别想当这个吧主，所以我很认真，很真诚地去说服他，我洋洋洒洒写了一大篇由我来当吧主的理由。

最终我说服了葛老师，终于成为了学校 bbs 的管理员和贴吧的吧主，当上吧主以后我统领了学校事实上最高级的社交网络，也成了事实上学校的互联网小王子。

其实老师们可能根本就没有过多关注过这个职务的重要性，而这个职务让我在同学面前真的很风光。在学校这样一个小社会里，贴吧就是一个媒体和舆论工具，很多八卦消息，骂老师的，表白的都在这个贴吧上面。而且贴吧属于百度，我当上吧主以后，学校没法直接控制上面的帖子。

所以会经常有老师和同学来请我帮忙，譬如贴吧上有对自己不利的八卦帖子，他们就会来请我做危机公关。记得学校有个年轻的女英语老师，贴吧上有一个匿名贴：《xxx 老师上课穿短裙，好风骚啊！》，然后这个年轻的英语老师就来求着我删帖，还请我去食堂吃饭。哈哈哈。

这里要非常感谢葛志斌老师，那时候我特别顽皮，在学校属于"大名鼎鼎"的顽皮学生，很多老师都压制着我。但是他很赏识我，他坚信我这样的学生是有学习以外的才能的，他常常鼓励我，从不简单粗暴地讲大道理，他会鼓励我去做我内心想做的事情，鼓励我独立思考，他还专门写过一篇关于我的文章发表在学校的博客上。

到今天我和葛志斌老师还经常联系，现在我们已经成为了各自生命中一个很好、很纯洁的忘年之交了。

一个优秀的老师和学生的友谊，是这个世界上很难得、很真挚的一种友谊。这种友谊其实是很难得的，因为对于大多数人来说，他们对于过去的老师，是不懂得感恩的，毕业以后就再也没有联系过。而有的人，在他的学生生涯中，可能还没有一个值得成为终身朋友的老师。

但我在这方面，我认为是做得比较好的，我是一个懂感恩的人。我不喜欢的老师或者我认为水准平平的老师，我当然不会再有多少接触和怀念，但是对于每一个对我有真诚的帮助，对我用心教育的老师，我肯定一生都不会忘记他们！

此外我还要再说一个我高一上学期的语文老师，我也很感激她，她是我们学校最优秀的语文老师之一。她年轻且很漂亮，我很喜欢她，她也非常赏识我，因为那时我作文写得超好。其实我写作文都是看心情，如果我很讨厌我的语文老师，我就懒得好好写作文，但是她布置的作文我都会很认真地完成，她竟然常常会给我的作文打满分，她自己也特别喜欢文学。

当时的班主任特别不喜欢我，我也讨厌班主任，班主任整天找我麻烦。但在语文老师那里，我却经常和她聊文学，聊教育制度，聊我想做的事情，她经常借她喜欢的书给我看，让我参加各种作文比赛，我也因为她获得了江苏省高中生作文大赛的一等奖，包括后来我参加新概念作文大赛也是因为她的鼓励。她甚至告诉我，在她的语文课上，我可以不用听，我读自己想读的书就行，因为她觉得我没有必要听那些东西。

很多时候我在学校里因为学习不好，被其他老师鄙视了，或者调皮犯错被惩罚了。语文老师都会找我聊天，该教育的会严肃教育我，不过我正确的地方，她也会支持安慰我。好几次我在很失望、摇摇欲坠的时候。

但遗憾的是，我那时候实在也是调皮，经常让她很失望，后来她好像就不太喜欢我了，我记得她曾经借过我一本《城南旧事》，她说她很喜欢这本简单的书，让我可以看一看，我把那本书读完以后，一直忘记没有还给她。

后来这个语文老师估计对我的调皮捣蛋太失望，不太喜欢我了，她有一天问我把那本书要走了，而粗枝大叶的我，把她的书弄得皱皱巴巴的，她的眼睛里透过一丝嫌弃的眼神，我也没敢说什么，以后她也没有再理过我，我也没有再和她说过什么话，直至学期结束。

但直到今天还是挺想念那个老师的，曾经那样真诚且毫无保留地关心教育过我，以至于让很多年以后的今天，我经历了更多人情淡薄的年岁，想起她，便会有温暖的感觉。好多年都失去联系了，不知道以后有没有机会还能联系到她，不过女神老师肯定已经嫁人了。

其实不管在初中，高中，还是后来上大学，虽然好多老师因为我不听话而不喜欢我，但很幸运在各个阶段也都有支持我、认同我的老师。

他们尊重我，让我做服从内心的事情，培养了我独立思考问题的能力。在学生时代如果真的百分百的人都说你不好，那可能自己就真的相信自己是个 loser 了，自己都可能放弃自己，而他们却给了我充分的力量。

但另外一方面能否遇到赏识自己的恩师和贵人，很大程度也取决于自己。

包括我后来创业，起初赚一笔大钱的决定性因素很可能就是某个贵人对你的赏识。读了我本书后面的文字你也许就会知道，其实我之所以能够更快地成长很大程度上也是伴随着贵人与大佬的助推的。

这时候其实主动展示自己就很重要，想要遇见贵人，自己就需要更加主动地展示自己，只有主动展示自己才更有概率遇到赏识自己的贵人。

真正优秀的人是有能力让别人看到自己的优秀的。就像我初中时，学校有那么多学生每天都在看贴吧，也有很多人想要当学校的吧主，但我却能主动出击说服赏识我的老师把我想要的机会给我，这不是没有道理的，后来如果没有师长、贵人、大佬们的帮助我其实也不会走得这么快。

1.8 夏令营
后的重要决定

　　我在1.1《有希望的人生会有阳光》里说过，我从小时候到今天，梦想和目标其实是经过了数次的变化的，我并不是那种定下一个目标就会一成不变固执坚持N年的人。

　　我不是一个只会盲目坚持的人，因为我相信人的心智都是在不断变成熟的，自己的认知和视野也是在不断地升级的。而在自己不断升级的过程中，目标和梦想理应是不断变化的。

　　我是一个能灵活变通的人，我会根据实际情况去灵活地调整迭代，我不认死理，不犯偏，我会不断地思考当下我要什么。我当下要什么，我就朝着当下的需求去努力，中途随时可以灵活地调转船头。

　　我记得初二的暑假学校组织了一场去北京的夏令营。

　　其实初二那段时间正是我青春时代里挫败感最强烈的一个阶段，那段时间爸妈对我管得也特别严，学习又不好，每天晚上一放学我就要被送到老师那里补课，然后我喜欢的一个女生也不喜欢我。

当然我内心也从来不是一个自卑的人，虽然在学生时代因为成绩不好会有一些挫败感，但我内心从来都是不缺乏自信的，前面也说过有一些师长也会支持我，鼓励我。

我相信未来我会把我自己喜欢的事做得很出色，今后绝不依靠我不喜欢的事情生活。

但遗憾的却是当下，每次当月考的成绩发下来的一刻，你纵有再强烈的自信也不得不面对活生生的现实，至少你在考试成绩上就是一个 loser，你在自己心中那么伟岸，但在全班同学都在追求的考试分数上，你却没辙超过别人！

起先我热爱电脑。但是好多大人总会告诉你：将来搞电脑方面的工作，数学一定得好。否则怎么搞？你学习成绩这么差，你是完全没有机会的！你现在必须好好学习，未来才能做你想做的事！

当大多数人都这么说的时候，你再叛逆的内心其实也是信以为真的，你心里会偷偷地想：是啊，我数学都这么差，以后怎么搞计算机呢？

其实现在看来完全就是扯淡。谁说搞计算机方面的工作一定要和理科有关系？计算机只是一个统称，一个优秀的设计师，前端工程师，优秀的产品，运营，根本也不一定要懂什么数学。

但那时候毕竟大脑刚刚发育，也没啥见识，有独立思考的基因，但独立思考的能力还不是特别强。我内心其实很害怕自己以后变成一个没出息的人。

初二的暑假，在去北京的夏令营上，我特别特别兴奋，因为我从来没去过北京。

这次夏令营其实是一场打鸡血之旅，主要是去北京参观清华大学等高等学府。其实我的初中在全国来说也算是一个很开放、优秀的学校了，大多数的初中，很少有组织那么远从江苏跑到北京去搞夏令营的吧。

我们当时学校全年级半数的同学数百人从扬州坐了一夜的火车到了北京站。

到北京以后，我们住在海淀区知春路的大运村里。然后宿命一般的是八年以后当我再度来到北京的时候，我上班所在的公司竟然就在当年这个大运村的马路对面。彼时我大概做梦也不会想到我下一次来北京的时候竟然就在对面上班了。

我们当时夏令营的时候，每个班上还会派一名清华或北大的学生作为辅导员，我们班上也分配了一个北大的男辅导员。这个辅导员我至今还和他有联系，他身材矮小，出身寒门，但以优异的成绩考取北大，在他们的小山村里光宗耀祖了。

他虽然相貌平平，比我丑很多。但他却完全没有让我有一种书呆子的感觉，而是很阳光，也很平易近人，我们全班同学中，我和他的关系最好。

我这个人对不懂的东西就非常感兴趣，我就问了他很多关于大学，关于北京，关于清华北大的事情。

他就给我讲了很多他求学过程中的趣事，讲清华北大的历史，我们在清华参观的时候，他能给我娓娓道来每栋楼，每个地方发生过的事情和与之相关的名人，讲朱自清，讲朱光潜，讲钱钟书，讲季羡林……

在他的感染下，我一下子对清华北大心生向往。我顿时感觉要是自己也能成为清华北大的学生，每天在这样的校园里上课学习该是件多么荣耀的事情。

初二暑假我们班夏令营照片，找找我在哪儿

　　这场夏令营给了我特别深的感触，被深深地打了鸡血，我记得我站在清华的工字厅前，在北大未名湖旁的时候，我就在幻想，未来我要是也能在这里求学该有多好。如果我以后考上了清华北大，那所有曾经轻视我的人，那一天一定都会佩服我，那时候我就能更好地向大家证明我强劲的实力。

　　我这么聪明，我确实应该努力考上清华呀！是的！我应该从现在开始改变，我应该好好学习，我要考清华！！！我要在所有人都在挤破了头竞争的事情上获胜！

　　那是我第一次去北京，坐了一夜的火车，在2006年的夏天。当时我们住在知春路的大运村。而宿命一般的是8年以后当我再次来到北京的时候，我们的公司也就在大运村的马路对面，我一下认出了自己当年信誓旦旦决心要考清华的地方。

　　其实到今天为止，虽然我的人生并未能如当时所愿考上清华北大，虽然我今天也活得很好，虽然我对于应试教育有种种的嗤之以鼻，虽然在多年以后我 20 岁出头的时候，我的公司还聘用过北大的同龄实习生，他们在我面前谦虚谨慎地工作，处理事情、言谈举止也远不及我老道，某些方面的能力也远不比我。

但是我至今依然对这个国家最优秀的校园充满敬畏，对知识的殿堂充满向往，这或许也是一个遗憾，遗憾自己没能进入最优秀的学府读书，不过人生从来不会所有的事情都是最好，有属于自己的丰盛的生命就已经很好了。

但初二在北京的时候，我是信誓旦旦决定要好好学习考清华的，并且我立即开始行动，给自己设计了一条如何能考上清华的路径，正是这个决定与设计的路径也给我日后的人生歪打正着地起了诸多的蝴蝶效应。

有时候我们的人生真的不完全看我们的努力程度，努力只是一个必需的过程，同时还取决于很多细枝末节的蝴蝶效应。譬如你今天意外地去了某个地方，亦或是今天无意中打开了某本书，认识了某个人，下载了某个 app，这些看似与未来一个庞大的事情没有直接关联的细节，但明察秋毫后，你或许惊人地发现原来没有这个偶然，你的人生就完全走到另外一个未知的版本中去了，或许更好，也或许更差。

1.9 新学校里 的意外变化

一个成绩很差的学生，突然给自己定下目标要考清华，这个不切实际的目标按照一般的路径走的话，达到的可能性并不大。我必须要设计一个务实的路径来达到这个目标。

当时我上初二，学习成绩已经很差了，照这个成绩下去，接下来初三面临中考，大家都会拼命学，我与其他同学的悬殊只会越来越大，考清华是无望。但我却给自己想了一个能大大增加考上清华概率的大招儿，我觉得我应该开个外挂，让自己重新上一遍初二。

重新上一次初二，我就比别人走在起跑线的前面，只要后面努力学，我就能一直走在别人前面，考清华就不是不可能了。

我们当地一个农村里有所叫"于港中学"的学校，这个学校以应试教育的极致而出名，学校管得很严。我就考虑，我是不是可以转学到这所学校里，好好提升一下自己，重上一遍初二。

于是我就把这个想法告诉了我爸妈。

我爸妈虽然有些观点和大多数老师一样，也不许我玩儿游戏，反对我整天玩儿电脑。但总体上他们是一个开明且尊重我的父母，并且随着我年龄的增长，就越能体现。

我父母挺支持我的这一想法，他们让我自己做决定。

我决定就要去这个农村中学重读一次初二，因为我要考清华！

于是爸妈也开始张罗这件事情，帮我在学校办理休学手续，在新的学校办理借读，找关系等等。到9月1号开学的时候，我已经到了新的学校。

那天爸妈一同送我去宿舍，那是我第一次离开父母，爸妈都很不舍，因为他们知道这个学校非常严格，城里很多像我一样不好好学习的孩子也会被送来这里改造，不过我和他们不同，我是自己主动要求来的。我记得第一天独自在于港中学的夜里，爸爸妈妈想我都想哭了，给我打电话问我好不好。

我说：我很好啊！但其实那天我一晚上都没睡着，12个人一窝的宿舍小床，农村里的夜晚昆虫叫声很响，我从来没在这样的地方睡过。

那天我在宿舍给自己泡了一碗泡面，吃完面后我准备扔掉时，农村的室友和我说让我给他喝点泡面汤，于是几个农村里的室友同学6个人轮着喝完我剩下来的一碗泡面汤…

那所学校真是中国应试教育的极致了，初二的学生每天早晨5点半就得起床上课，一直上课到晚上十点，晚上没有晚自习而是上课。

每天吃饭是怎么吃的，十几个学生围着一个餐桌站着吃饭，就只有一道大杂烩的菜。我拿两包香烟买通了门卫大爷，偶尔溜到学校门口的农村小吃店里吃个简餐。

学校里还配有猪圈，我有时下课就去看看猪，和猪玩耍，拿石头打猪。但是养了那么多猪，我却没见食堂吃过几次猪肉……

我那时也开始了我人生中最认真学习的几个月，上课很认真，做作业也很认真。这里的农村同学大多都很认真，也很能吃苦。估计在清华时那个辅导员哥们儿也是这么过来的。

努力学习的成效很快，第一次月考，我就考出了班级前三名的好成绩，理科尤其考得好，数学、物理都是满分。

而这个学校文科的教学方式完全和以前不一样，以前学校的语文课、历史课、政治课，老师好歹还会讲一些应试以外的知识，偶尔发表一些看法，多少还生动一些。

而这学校的文科课，上课就是画线，譬如历史课，老师不扯任何其他东西，老师就像个机器一样在前面拿着历史课本读，他读的地方就代表要画线，划完线剩下的时间就是去死记硬背。

历史课，你不需要了解任何深入的历史史实，只需要划完线背就行。想想他们也是厉害，直接抓住应试教育的核心漏洞，简单直接，单刀直入。

但我内心却觉得这很可悲，接受这种教育方式完全触及了我的价值观。

起初我学习很认真，但大家可能也会猜到接下来的情况，对于应试学习，我纵有再远大的考清华的目标，但事实上我发现我实在没有办法持续地拿出我做传奇私服，做网站的精神与兴趣去持续坚持。

我确实只有三分钟的热度，很快在学习上我又开始懒散起来，考清华的目标渐渐淡化，状态越来越回归到从前。因为在那样一个应试教育如此浓重的学校里，我真心觉得很可悲，我宁可真的一辈子没出息，我也不想把自己变成一个机器人。

说实话，那是我人生中，我认为的第一次对我自己价值观的坚持！我为了考清华的目标，父母和自己都花费了很多精力辗转来到这所农村学校，本想好好学习，但我上了一段时间课以后我从自己的内心里真的不能接受这样的教育形式，它真的触及到我的价值观！历史，地理，政治，这些课程，上课就只有两件事情，一个是画线，然后对着划好的线死记硬背。

从前的学校虽然也很应试，但不至于这样，文科的老师至少还是能讲一些人文的东西的，老师自己也是有一定人文情怀的。但是到了农村的学校，仿佛都没有了。

其实我现在一点儿都不责怪那所农村学校，那里的老师虽然死板，但是各个都很单纯，那所农村学校在我的记忆里有它可爱的一面，我认识了很多淳朴的老师和同学，我希望以后等我有能力的时候，我可以去为之做一些改变。

并且在很多年以后我到了北方，见到了更多更穷从农村过来的朋友以后，我发现他们很多人从小到大接受的教育皆是如此，甚至比"于港中学"更加恶劣。我一个同事告诉我，他从小是在湖南岳阳一个县城的农村里读书的，他们的老师上课都是讲方言，还不允许学生读任何课外书，自己从小到大看过的课外书不超过 10 本，自己曾经课间时在教室看《钢铁是怎样炼成的》而被班主任用方言破口大骂，把书收走了。

天哪！我简直难以想象，一个对阅读都如此排斥的学校，是多么令人发指！

说回我。我在那样一个封闭的学校里，我不好好学习，我又能干什么呢？没有电脑，也没有今天这样的智能手机，更没有什么娱乐放松的东西，两个星期才有一个双休日。

这个环境下做什么事情能够比较有意思呢？可能只有看课外书了。于是我开始每天读书，那一年的阅读量非常大。上课开始越来越不认真，经常上课偷偷看书，还有就是练字，临摹钢笔字帖，那一年把字也练得不错。

生活实在太无趣，我晚上到了宿舍以后也躲在被子里打着手电筒阅读。当我读到韩寒的书以后，我觉得他超级酷。那时候韩寒的书里有很多抨击否定应试教育的文字，看得我热血沸腾，仿佛找到了知音，我非常赞同他抨击应试教育的观点，表示出强烈的共鸣……

于是我开始深入研究韩寒，买了韩寒所有的书。我发现这位大哥有点意思，高中就辍学了还成了畅销书作家，风光无限，这个人生路径也值得我学习。

我要出人头地并不一定要通过千军万马的应试教育啊！我自己又不是没有过人的地方，我干嘛这么笨，非要和别人在我最不擅长的应试教育上竞争呢？我有那么多优势，干嘛非要拿自己最劣势的地方去和别人竞争。

我研究了韩寒的成名路径，发现其中有一个很关键的环节就是他参加了"新概念作文大赛"后得奖了，然后出书，引发了社会的关注。我还研究了与韩寒对标的郭敬明，把郭敬明的书也读了一遍。郭敬明也是因为参加"新概念作文大赛"得奖而成名的。

我开始关注"新概念作文大赛"这个比赛，我心想这个比赛竟然能包容韩寒这样的人，说明一定是有先进、开放、心态的，应该也完全可以容得下我，感觉很不错的样子，我仿佛又发现了一个人生新目标。

是的，写作！参加新概念作文大赛！当作家！当文化偶像！我要备战新概念作文大赛。并且写作比计算机更靠谱，计算机编程是用理科编程，写作就是用文科编程，我更喜欢文科，而且写作会更显得有文化。这事儿靠谱！

1.10 我骨子里
并不是个商人

　　曾几何时，我还信誓旦旦给自己定下目标要好好学习，要考清华！随即初二复读折腾来到这个农村中学。

　　这屁股一转，我又决定要当作家。

　　于是说干就干，我开始每天有意识地增加自己的阅读量，正式开始练习写作，写小说，写杂文。所以你能看到我今天还这样流畅地写文字，应该就是那时候积累下来的能力。

　　那一年里我写了一堆文字，但我知道那水平离参加新概念还有差距，所以我先在报纸和杂志上投稿。如果我的文字发表在报纸杂志上，我觉得也是一件很有成就感的事情，我拿给我的父母和老师看，也很有说服力。

　　学校周末放假的时候，我就把中国各种严肃文学类、青春文学类、儿童文学类的投稿渠道和邮箱都罗列了出来，然后投稿。稿件如一篇篇的希望寄出去。每次在学校我都盼望着放假回去看邮箱能有惊喜，每次一到家的第一件事就是看邮件，看有没有通过投稿的，但都是失望地关掉邮箱。

稿件几乎都是石沉大海，杳无音讯，我的烂小说，文字，编辑们拒稿都懒得回复……但我仍然不放弃，继续读书，继续写作。

其实人只需要去落地做一些事情，最终基本都能做成，我后来很快在杂志上发表了第一篇小说处女作，自己的写作水平也在逐步提升，也斩获过多次作文大奖。

但在那个阶段里，梦想属于是在不断变异的阶段，我发现我虽然在不少杂志上发表了文章，也得过不少奖，但似乎没人关注我，没人找我出书，老师还是照样每天批评我。

我开始觉得，靠，写作这事儿不靠谱！当作家的红利期已经过去了，这个成不了名，也赚不了钱，于是又懒得在这上面浪费时间了。

一定很多人觉得，我做事也太不专注了。但我现在回头看，我觉得很好啊，那么多只知道考试的人，他们的青春完全没我丰富，虽然彼时候的目标一直在变化，但我有行动力啊！说搞什么，不管能不能搞成，至少都敢去搞。

一个人年轻的时候不断折腾的成本是最低的，随着年龄的增长折腾成本才会越来越大。

整个中学时代，就在晃晃悠悠的各种折腾和梦想的变异中度过，一晃到了高三。

高三的时候也开始兵荒马乱地忙着高考了。虽然读韩寒的书，韩寒高中就辍学了，我的中学生涯也可谓一直在摇摇欲坠中度过，中途好几次我都不想上学了。

但自己也没有那么大的勇气去辍学，考虑到我要是辍学，我爸妈在同事面前面子估计都会丢光了。所以还是摇摇欲坠，兵荒马乱地坚持到高考。现在想想幸亏高考考上了大学，我是不鼓励任何学生辍学的，因为辍学以后会失去很多的保护，失去很多的机会，失去很多优秀的朋友，从概率上说优秀的人辍学还是很少的。

倒不是在学校能学到什么有用的专业知识，我觉得可以像我一样，既在学校上学，又不断在夹缝中追求想要的东西也不错。

我高考是艺术生，考艺术类的院校。所以高考的时候我不仅要考文化课，还得考美术。那时候大量的时间都在练画画，画素描，色彩。

很多学艺术类的孩子之所以考艺术，可能是因为文化课不好，但并不热爱艺术。我的文化课虽然不好，但我确确实实很喜欢画画。我高中时的美术成绩还是很不错的，文化课就不忍直视了，我大学的专业也是我们学校人文艺术学院里的媒体设计专业。

其实相对于理科类的东西，我确实更喜欢人文艺术，我高中时候画画还行，但现在看我的绘画水平也很一般了，不过我对于中国的艺术教育，艺术高考的体制也有很多不满与不屑，所以也不是特别能接受他们主流的训练方式。

在艺术上面，我也是有很多自己的理解的，我那时候就在国内最专业的书法杂志《书法》上发表过文章，批评书法界的一些现象，我应该是第一个在《书法》上发表文章的 90 后吧！

对于书法和中国画，我也是情有独钟，我书法十级，并且自己基于兴趣学习中国画。

这里还有一个我 2007 年写的文章，初中时非常喜欢的一个美术家、书法家的作品，他叫潘宗和，年过古稀的他是我们当地最知名的书法家，也是中国书法家协会的最早会员，我为了找到他，花了很多心思，然后只身一人去他家拜访他，拜访完以后，我回家还写了篇文章叫《访清心斋主潘宗和》，大家可以通过搜索引擎读到我 2007 年时写的这篇文章。

　　写《访清心斋主潘宗和》的时候我只有 17 岁，那时候我就为了我自己喜欢的东西，愿意 all in 地追求，很机灵地找到了知名艺术家，跑到别人家里，与其交流，还得到热情的款待。

　　下面这张照片就是那时候的我，一个非主流的 2b 青年，后面的书法就是潘宗和老师写给我的：多思必得。落款是丁亥年夏日，也就是 2007 年的暑假。

　　很多人都认为现在的我就是一个年轻的小商人，只会赚钱，只会搞互联网，估计很多妹子也会认为我就是一个很无趣、冷漠的 IT 商人。其实我内心深处是有很多艺术细菌的，十几岁的时候就参加新概念，在杂志上发表小说，练书法，玩篆刻，所学专业也是美术类，我怎么可能是一个情商极低的赚钱机器呢！

　　但是！在创业和商业面前，我不想过多地谈及情怀，至少现阶段也不会用玩艺术的心态去搞商业，因为我觉得好虚伪。我会将浪漫，艺术，情怀与商业严格地区分开来。

非主流时期的我

　　一个企业家，一个商人，产生经济效益是他的天职，是他必须尽的责任与使命。我十分鄙视那种爱说"我创业是因为我有情怀，我不追求赚钱的人"。那样的人太伪善。你不想赚钱，你可以去做公益。但既然选择了商业，即便你再有浪漫，情怀的一面，你也必须要有精准、务实的一面。

1.11 美术高考期间的创业萌芽

2010 年,我正忙着高考和美术高考。其实我很明白自己也不会考出非常好的成绩,明知道自己文化课考不好但还要硬着头皮考,这种感觉着实很尴尬。

艺术类的考生在高考的时候需要折腾的事情比较多,很多大学还得去单招考试,得找各种资料。我那时在筹备美术高考的日子里,我几乎每天都会登录各个美术高考网站,去查各个大学的资料,去找画得好的作品学习临摹。

然而我这个人也真是有趣,我上这些美术高考网站,倒没在高考上取得什么成就和长进,反而在这个过程中嗅到了商机。

我发现对于美术高考考生来说是必需品的高考网站,其用户体验都做得特别差,满屏幕竟然密密麻麻的全都是广告,都是像下面这样子:

　　我注意到这种美术高考网站上面的广告几乎都是各个美术培训机构和画室投放的，我找到网站客服的 qq，我问他投放一个广告要多少钱，他告诉我现在已经没有位置了，我靠，这么火，连空位都没有了。

　　我问客服如果有位子一般多少钱，他说最便宜的广告位子也要 9000 元，平均每个位子要 2 万元一个月。于是我挨个儿数了一下这些网站的广告数。我发现这网站上广告收入一个月就有上百万，而且这只是单单广告上的收入。我想网站访问的人多了以后，还可以卖画材，画具，教材的电商销售收入，还有咨询收入等等。

　　我感觉到，妈的，学美术，当画家，当艺术家顶个屁用，还不如做一个这样粗制滥造的网站来得实在。

　　学美术除非是名校毕业估计前途上还稍微有点可能性，像我这样的成绩，也上不了名校，真要去傻傻地走这条路，最终估计也就是个炮灰！

　　在这个网站上我看到这么多投放广告的画室，这说明啥？这就说明开画室的老板们竞争非常激烈！但这个产业就这么大，哪里会冒出这么多画室呢？其实还不是因为学画画的人毕业以后找不到工作，艺术手艺不值钱，就只能再去试图开画室赚钱了。

但这么多的画室显然不可能各个都赚钱，想来想去，做一个美术高考网站肯定是最赚钱的。

因为我看过一个故事，据说曾经有一个金矿被发现，但谁也不知道这个金矿是真是假，愚蠢的人们听到金矿这样的信息，都会不加思考地冲过去试图挖金矿，结果挖矿的人都没挖到什么金子，而坐在一旁卖铲子的人倒是赚得盆满钵盈。

而显然在美术高考这个产业里，头部的美术高考网站就是卖铲子的人，他们不仅把铲子卖给广大美术考生，而且他们知道这些可爱的美术高考考生们大学毕业以后有不少人是没出路会去开画室的，画室一多，肯定需要竞争招生，到时候把这些广告位卖给这些画室，显然是最赚钱的了。

我当时的思路就是这样，我这样一想，对我所学的专业是一点信心都没有了！我不能傻了，我得为我的前途实实在在地做一些事情了！我开始对美术高考网站这个商业形式充满好奇！

其实这样的网站就是互联网中的隐形冠军。他们很低调地赚很多钱。大家都只会关注那些最新的概念，很少会有人关注这些隐形冠军。而我比较擅长发掘，我觉得这是一个机会，一个用户体验如此之差的网站，竟然可以赚这么多钱，那我如果好好做一个用户体验好的那不是更好！

我开始蠢蠢欲动打互联网的心思，我在想互联网这个东西可能还真是一个我可以逆袭的大机会呢！马云，马化腾的故事都深入人心，互联网总体来说还是一个开放的平台，我如果能在互联网上做一些事情的话，它既不需要苛求学历，也不需要靠乱七八糟的关系。

　　我至今也特别讨厌那些乱七八糟的关系，都说在中国做生意没有关系寸步难行，但我不擅长搞这些，也不喜欢，不认可。但我相信互联网这个时代给我的红利或许是不需要靠这些的。

　　我越想越来劲儿，对啊！互联网才是这个时代给我这种人的恩赐啊！我必须得抓住这个机会！

　　说干就干，我开始仔细研究全国几乎所有的美术高考网站，每个网站的运营模式，内容模式，盈利模式，我都像模像样很认真地在表格里记录了下来。

　　我发现这种网站也根本就无需很多人运营，只需要做出来，都不用每天更新，只要定期更新些内容就行了，成本应该不大，几年前我自己连游戏都能摸索着做出来，做个这样的网站应该不困难吧？

　　我开始设想我要做的网站，我要做一个美术考生可以在上面交流、分享作品、互相点评作品的 bbs 功能。保证用户体验更好，广告少，真正给美术高考考生带去干货，我不想把网站上弄得全是广告。

　　这个想法迅速在我脑子里生根发芽开花。很快我就开始把想法付诸行动，决定正式开干，摸索学习，尽快做出一个好的美术高考网站。

　　但令我没想到的是，这个玩互联网的想法再也不是一个三分钟热度的想法。它让我的人生日后因为这个想法有了那么庞大的变化，到多年后的今天我做的所有事情，我赚的所有的钱起因竟然都是源于当初这个想法。

　　今天我也不过 25 岁，我知道在未来，我的目标和事业可能还会不断变化。但是从想着做一个美术高考网站开始到今天，却给我带来了太多太多，无论是从认知上，还是物质上，感谢上帝给了我这一次人生最重要的机会！

第二章

从零到一的过程

2.1 建成第一个
网站

前面讲到，2009 年当所有同学都在准备高考的时候，我突然发现我每天找资料的美术高考的网站们用户体验都好差。但是这些网站的盈利能力却很强，我认为我应该做一个体验更好、功能更多的美术高考网站。

这样我不仅做了有价值的事情，应该还会赚到很多钱，我的前途仿佛又一下子光明了许多，充满了希望。

那时候的我，心态和今天很多"志向远大"的创业者的心态有类似的地方，就是做一个小小的美术高考网站，却都能从战略上给它画了一个很庞大的大蓝图，我当时的蓝图是这么画的：

我先学习建站技术，然后把网站建出来，想办法推广让全国的美术高考的考生都能来用我的网站，这些美术高考考生几年以后可能就是美术从业者，培训师，艺术家，设计师。

所以等网站拥有一定基数以后，不仅仅要做美术高考方面的内容，还要做美术产业的生态，陆续还会衍生到书法、陶瓷、古玩等其他艺术品类，几年以后我的网站将会成为国内最大的集艺术类教育、艺术展览、艺术品拍卖投资、艺术品金融于一身的大型艺术产业生态。

但现在想想这样的蓝图真可笑，其实我现在也经常听到很多创业者会用类似的心态和我描述他还没有开始启动的大项目，很多人其实都只会空想，但是启动不了，其实真正开始做事情以后很快就会知道，不要说整个大布局，能真正把一个最微小的点做好，就已经很不容易了，就能有巨大的收获了……

但我还算有执行力，我马上开始去做。

其实第一次运作网站的过程有点类似我小时候做私服的情景。我那时候依旧没啥钱，身无分文就开始做这个网站，而且对网站的技术和原理也不懂，我那时候只知道最简单的 html，完全不明白一个动态网站系统是怎么回事。

但既然要做网站，我就得好好研究一下国内网站的一般形式，我当时把好 123 网址导航上每个网站，都一个个打开研究过，今天国内所有稍微有点名气的网站，他的网址是什么我都能背出来，我的脑子里至少记着有上千个网站的网址，今天我上任何网站基本可以不用搜索，也不用导航，直接输入网址。

前几天我在一个知名的互联网大佬的办公室里给他看几个网站，我都是直接输入了复杂的网址，他也赞扬我，说看我脑子里都记得这么多网址，可以看出我对互联网业务的熟悉程度还是比较扎实的，而现在一般的互联网创业者都没这么扎实的基础。

我当时研究了很多网站以后，我发现了一个规律，国内基本上所有网站的论坛 bbs 功能，好像都是相似的。这是不是意味着，这背后也有像传奇私服一样，有现成的源码和程序可以使用？了解以后很快发现还真是，当时有两大厂商都是做论坛系统的，一个是后来被腾讯收购的 discuz 程序，一个是后来被阿里收购的 phpwind 程序。

了解到这里我就知道，建一个论坛肯定是很简单的，而且论坛的程序都是官方免费发布、免费使用的，建网站的成本并不高。我就对比 discuz 和 phpwind 这两款的 bbs 程序。其实用 discuz 的人更多，但我个人更喜欢 phpwind 的界面风格，于是决定用这款程序作为网站的后台。

这个时候其实我脑子里已经罗列了一大堆的问题。比如选择好程序以后如何上传到服务器，如何将网站和域名绑定在一起，用了建站程序建好网站以后，网站的界面我是否可以根据我的需求任意修改？如果可以修改那怎么改？

我把网站程序下载下来以后，有上千个文件，我压根就看不懂。

其实我们想要做好一件事情，尤其是搞互联网上的事情的时候，一定会有非常多疑难的问题扑面而来。但我们千万不要因为被好多问题困扰而不去前进。有的时候问题虽然很多，但我们可以去回避他，先不要管那么多，哪怕走一步算一步，真正走到后面就会发现柳暗花明又一村。

所以面对很多网站的问题，我能做的就是先不管这么多了，先让网站能访问才是王道，这时候我又面临服务器的问题。我看网上的人说，网站初期可以先用个虚拟主机就行，不用租赁单独的服务器，一个虚拟主机我选了好久，找了个 400 元一年的虚拟主机。

我和我妈妈说学校要交 400 块钱班费。于是骗到 400 元后买了主机，其实这个费用对那时候的我来说真的是很多的……400 元我可以带女朋友吃多少碗兰州拉面啊！对了，这里说一下我那时候的女朋友，那时我高三，其实那时这个女朋友也是我至今为止谈恋爱时间最长的一个，从高二在一起一直到大一，我在准备做第一个网站的时候，没人知道，连她也不知道我在忙这事，因为我怕她觉得我不好好学习，整天做这些没用的东西。

买了主机以后，又学习了一下关于网址域名的知识，于是花50多块钱注册了个域名。我给网站起名叫：一起美考网。但当我买了域名准备兴高采烈地按照网上讲的方法绑定主机的时候，发现无法绑定，查了半天的原因也没查出个结果，后来找客服问，她才告诉我，因为我的域名未备案。

啥叫域名备案？这是什么鬼？了解后才知道，原来在我国每个网站上线前，域名必须要在相关部门备案。于是我又学习如何备案，准备了材料，快递过去。一般这个备案需要15到30天。在等待第一个网站域名备案的日子里，每天都很焦急，希望快点备案好。

终于在第20天的时候，短信发过来告知我网站备案成功了。我立马冲到电脑前，折腾起来。我对着教程，绑定域名，然后学着用ftp软件将网站程序上传，然后建立数据库，安装网站。

折腾好久后网站终于可以访问了，很兴奋，将网站弄得可以访问只是简单的开始。后面真正让我每天折腾学习到凌晨的是，这网站建起来以后，怎样根据自己的要求布置网站，设计网站，推广网站。

这里面涉及很多的技能和技术，先不谈会不会这些技术，我光知道有这些技术的存在就花了些时间。于是我进入了漫长的互联网自学阶段，真的是简单的photoshop，建站源码都得学。然后html，css，js，php，mysql，linux等等陆续都自学了，还有后来的推广软件，站群软件，采集软件，seo等等都在未来的两年里学会了。

在所有同学都在忙着高考的时候，那时候的我，明确告诉了老师和家长，我就这样了，你们不要管我了，我要追求我自已的人生，高考能考多少就考多少。

　　我不想再浪费时间。老师和家长看我折腾多年，也实在对我无能为力了。而我也花一年多的时间基本从一个啥都不懂的小白，成为了一个懂些后端技术，精通前端，精通主流建站软件，精通 seo 及社会化渠道引流的互联网站长了。

2.2　没有用户
　　　　也没有盈利的日子

　　那时候我高三，因为我是学美术的，高三上学期我的文化课都暂停了，我就在南京学画画，但因为要折腾网站，我都经常翘课不去上美术课。我家不是南京的，我在南京画画的时候，每天就一个人住在位于湖南路附近的一个酒店里，家长也要上班，没人管我。

　　我的美术高考网站上线以后，我就在忙着摸索如何调整网站的界面，增加新的功能等等。

　　我觉得学会推广网站其实是早期最重要的一个环节，网站就算样子做得再好，功能再多，愿景再完美，但推广能力跟不上，没人访问那就什么都白搭。

　　我其实做的这第一个网站，一开始都是在自嗨，当然这个自嗨也是一个学习的过程。

　　所谓自嗨就是，我的网站本身几乎没有人访问，但我就在整天调整摆弄网站，一会儿要新换一个 logo，一会儿要新换一个按钮，一会儿要把导航栏换成这个样式，换成那个样式，一会儿把背景调成这个颜色，一会儿又换成那个颜色。

　　而且我当时买的虚拟主机只有 400 块钱，而且选购的那个商家很不靠普，质量很差，我那个虚拟主机经常不稳定，经常宕机导致网站无法访问，这也挺折腾人的，其实我的网站也没几个人访问，但经常因为主机商那边宕机，每每宕机的时候，我就连吃饭都没心情了，就在那里一直刷新苦等着我的网站能够恢复访问，那时候三天两头碰到这样的问题。

　　网站没人气，但我在网站里，自己也会注册很多个账号，模拟用户在里面发帖，评论，制造出一个网站很火，很活跃的样子，其实压根儿就没人访问。

　　好在我那个时候是大学阶段，有大量的时间和精力可以消耗。要是真的进入社会以后，正儿八经创业的时候，还是这种状态的话，那就要消耗大量成本了，这样的情况就很难做成了。

　　但其实有很多小型的互联网创业公司，他们正儿八经租了写字楼，招了程序员、产品经理开始创业的时候，状态还就真跟我那时候差不多。

　　公司折腾着把网站或 app 开发出来，然后又没几个用户，也不会引流量，不懂推广，就在那儿一个劲儿地改他那个没人用的产品，这样其实是消耗的状态，而我在做第一个网站的时候，就踏过这个坑了。

　　而且对于我来说，我作为一个大学生，我乱折腾本身也是一种学习的过程，有利无弊，但我也很快意识到，网站推广其实是很重要的，我必须要把更多的精力放到推广引流上去，流量才是王道。

　　在推广网站上我试了很多的方法，做了大量功课，几乎都没有什么效果。

　　其实真正懂怎么推广网站的人都是少数，很多营销培训，推广培训都不会有什么用处，那些讲师一般从来没有任何实战经验，只能纸上谈兵，真按照他们的方法做，就连声音都不会有，而且在大学里，无论是计算机专业，还是与市场营销相关的专业，永远也不会学到类似"网站推广"这样实战的技能。

而那时候我的网站的流量每天只有个位数，尝试了 n 种推广方法也没有一点点效果。我还给我学美术的同学推荐了这个网站，但推荐了别人最多也就点进来看一下，根本就不会长期来玩儿。

那时候我还想到过一个更猥琐的推广方法，我在淘宝上请人帮我刻了一枚印章，这个印章上有我的美术高考网站的网址和广告词，我记得章上面刻的字好像是：一起美考网，一站式解决你的美术高考问题！ 然后下面留了域名。

我就带着这个章来到南京湖南路的一个大书店里，然后偷偷在书店的美术高考教辅书的扉页上咔咔咔盖上这个章，那买到这个书的人回去可能就会照着域名点击进入我这个网站。

这个方法现在看来有点傻，显然当时也没啥效果。

南京有一个叫南艺后街的地方，那地方临近南京艺术学院，所以很多画室和画材店开在那里，学美术的人画画肯定都会用纸，很多买画纸的人都会来这里买。

我的想法是，如果我能搞定这些卖画材画纸的老板，我让他们所出售的画纸底下刻上我的广告章，这个渠道估计会很不错，美术考生买了纸以后，每次画画都可以看到我的网站了！

我开始行动去找画材店的老板谈，第一次我去了一个最大的画材店，我和柜员说，我是中国最专业的美术高考交流社区的创始人，我想和你们店有一些合作，能否找你们老板聊聊。

柜员貌似是个北方姑娘，她一脸懵圈地看着我说：啥？最大的啥？

我重申了一下：最大的美术高考交流社区！

她说：哦，俺老板在香港。

我说：那我们有合作机会吗？

她说：不合作，不合作，你快走吧，你是最大的，都是同行，有啥好合作……

跑了第一个就遭受到这样的待遇，真是太打击我了，我继续找其他的画材商店，但跑了几家后发现都差不多，基本上都是用异样的眼光看着我，完全不懂我在说啥，或者是直接拒绝合作，一家也没有谈成。

当然我那时候确实也很嫩，看上去就像个小孩儿，商务谈判能力也很差，还一本正经地求合作，那些生意人谁会和我合作呢！

并且那时候我想到的推广的方法，其实归根结底也是一些老套的思路，即便会有效果，也是很有限的效果，而没有真正发挥互联网的作用，其实互联网的营销推广作用才是最应该琢磨的。

其实日后很多人认识我，都是因为我的推广能力和引流能力，这些都是后来才摸索实践出来的，而一开始其实也面临了很长时间苦于没有用户、没有流量的日子。

2.3 钻研 SEO
推广网站

试了很多网站推广的方法，都完全没有效果。

我开始站在用户的角度来思考关于推广的问题。那些已经做起来的美术高考网站，我曾经也是它们的用户，我就在想，我当初到底是怎样访问到它们的网站的呢？

这一点其实是很重要的思路，我想来想去，我访问那些网站的原因其实很简单，都是通过搜索引擎搜索相关的关键词而进入的，比如我最初是搜索"美术高考"这个关键词，而那些在这个关键词中排名靠前的网站，我就会点进去成为了它们的访客。

我渐渐想明白了，在 pc 互联网时代，网民上网的入口是什么？网民要上一个网站一般都是通过搜索引擎来搜索关键词，然后根据关键词结果而进入相关的网站。

而在中国最主流的搜索引擎无疑就是百度，百度有海量的用户量，是最大的网站访问入口。

也就是说如果我有办法能让我的网站在百度搜索中所搜的

热门关键词能排到前面，那我就等于占据了用户的访问入口，那我的网站自然而然也就有了稳定的流量来源。

那到底怎样才能让网站在搜索中排名靠前？

这个问题，我也不懂，因为从来没接触过。但不懂的东西，我可以去百度嘛！我当时就把上面那句话"怎样才能让网站在搜索中排名靠前"去百度了一下。

结果我仿佛发现了一片新的世界一样，我接触了一个新的学问叫"seo"（所谓 seo 即：Search Engine Optimization 搜索引擎优化），只要 seo 做得好网站关键词排名就能靠前。

所以说，我们在创业中会碰到很多问题，有的人一有问题就到处问你问他，这样往往效率很低或者停滞不前，其实别人也很难给你一个很完善的答复，遇到问题最好最快捷的办法就是你先去搜索。

如果是一个复杂的知识，你通过搜索引擎找到的资料里可能会有很多专业术语，你不懂专业术语没关系，你再去搜索一次这个专业术语看看释意，久而久之你就明白了是怎么回事。

而当时，我初步了解了 seo 知识以后，我就想通了，现阶段，我根本就无需要做其他的推广，我只需要想办法让百度能搜到我的网站，并且让我的网站在百度搜索结果中排名靠前就行了。

当然 seo 也绝非是一件容易的事情，seo 是一门系统的学问，需要投入时间去研究学习并且实践，于是我开始专心来研究怎样做 seo，每天大量的时间都花在了 seo 的研究与学习上面，而当时的我完全是自学，就是通过搜索引擎学会搜索引擎优化，听上去有点拗口，是的，就是通过搜索引擎学会搜索引擎优化！

我每天很卖力地去做大量 seo 的工作，给网站交换友情链接，原创网站内容，跟踪网站 seo 数据，功夫不负有心人，渐渐我发现 seo 是有一定效果的，网站日访问量逐渐开始提升了，从每天几个人访问到几十个人，再达到数百个人。

渐渐我的网站每天的访问量就稳定了，每天都会有几百个人来访问我的网站。

但我这个网站日流量几百个仿佛是一个天花板，想再提升就很困难了，因为要进一步提升网站在搜索中的权重肯定得花钱购买更多的友情链接等等。

那个时候网站做 seo 有一个关键点，就是你的网站，外链要做得多！搜索引擎判断一个网站是否热门的一个很关键的判断点就是你网站的外链数量。

别的网站友情链接到你的网站越多，你网站的 seo 权重就会越高。而一般其他网站主是不愿意真的"友情"帮你链接的，你需要花钱去购买，这对于我来说就是一个天花板了，我哪儿有钱去购买那些昂贵的友情链接呢！

我每天继续千辛万苦地找各种可以免费发外链的网站留我的网站链接，比如各种博客，bbs，贴吧，能发链接的我都使劲发。

其实当时的草根站长里，流量"贫富差距"也很大，网站流量大的站长会非常大，而大多数小站长连我都不如。

大多数小站长们做一个网站能像我一样获得几百个访问量其实都是很困难的。因为大多数小站长其实也根本不能坚持像我这样专注地去做最基础的 seo，大多数人都沉不下这个心。

而我也研究了那些拥有大流量站长们的网站，我发现他们其实把网站做到一定程度以后也是比较轻松的，无需再每天做苦活累活。他们的网站多半有明确的盈利模式，网站自己能造血赚钱，赚的一部分钱可以直接投入到推广 seo 中去，所以他们的流量会越来越多！

我很快意识到，我的网站一天有几百个访问量，其实用处不大，而且难以突破，我很难像那些大流量的站长一样，因为我的网站现在没办法盈利。

我每天投入大量的时间和精力做出的一些流量也没有一点点的回报，没有营收，那就没办法有进一步的良性循环的投入发展。

于是我开始想这个网站怎样能赚钱。

因为当时只有自己一个人在做这个网站，还面临高考，接下来肯定还得上几年大学，我知道一个人肯定做不了特别复杂的事情，所以在网站的盈利模式上我试图要选一个：一次性把模型设计好，今后躺着就能轻松赚钱的事情。

然而要找到这样的事情可并不容易，因为全世界几乎所有的屌丝都希望能有一个躺着就轻松赚钱的模式和方法。

其实到今天为止，我依然相信，互联网上是可以躺着赚钱的，但是是有难点的，难点就是你必须要设计一个好的赚钱模型，这个模型的设计需要你对人性有深刻的理解，对商业本质有深刻的理解，对互联网有深刻的理解。

并且躺着赚钱的模型设计好以后并非真的一劳永逸，而是需要不断维护和迭代这个赚钱机器，当然这些是后话，我在后面章节里会深入地说。

那时候我也找了不少网站变现的渠道，但效果几乎为 0。

其实道理很简单，归根结底还是因为流量太少了。五六年前的互联网和今天的互联网其实是不同的，今天如果一个日 ip 几百的网站其实价值是比那时候要大一些的，因为今天的网民已经被深度教育过了，会使用移动支付也更愿意信任互联网。

那时候日流量几百的网站其实几乎可以忽略不计，和 0 流量没啥区别。因为你在网上卖任何产品或放广告，转化率可能都是千分之几，也就是说可能几千个人看到你的商品才会有一个人买。

而我每天只有几百个流量，那其实就等于没有。然而如果要继续把网站的流量做上去，就需要更多的 seo 投入，我自己已经投入到极限了，精力全用在上面，也没钱。

我急于要尽快要突破这个局面！

我就看站长论坛上别人是怎么解决这些问题。我发现大家真正遇到的问题其实都差不多，各种网站里面都是扯淡帖子，根本就没有绝对的解决办法。

而大多数人则在这些难以逾越的问题上选择了放弃或者被淘汰了。

2.4　初期我所交
的学费

其实我在初期搞互联网的时候也从来不是一帆风顺的，所有的事情都得自己摸索自学，但我也完全不是什么自学天才，整个过程中也交过很多次学费，很多事情现在回想起来都觉得自己很傻。

所交的学费现在回头看那些钱虽然不多，但对于当时的我来说已经很多了，我那时候又没什么钱，而且我从来也不是一个勤俭节约的人，我自己也喜欢买好吃的，喜欢玩儿，喜欢花钱。

但那段时间里，我的钱还真就省下来基本都用在了和互联网相关的地方，乱七八糟的书也买了一堆，这些书有的有些用，但大多数根本就没什么用，至少没现在你在看的这本书有用。

然后市面上也经常会有一些什么网络推广软件、工具，我也买过不少，说实话用处也不大。

而且有些工具根本不能乱用，我曾经做 seo 的时候买过一个工具。前面我说过，那时候一个网站的外链越多，seo 权重就越高，我每天都在各种地方手动发链接，发得很累。

有一天我看到网上有一款什么"博客外链群发程序"，这种程序还真是挺牛的，你买了以后，他可以帮你批量注册博客，一下子能注册好几百个，然后一篇带外链的文章你可以批量在几百个博客上同步发，你的网站就会一下子多很多外链。

我攒钱买了这款软件程序，但用了以后没多久，我的网站在百度中所有的排名就全部消失了，因为搜索引擎判定你是在作弊，就会屏蔽你的网站。因为这样一件事情，损失就很大，又等了好久，网站才重新被百度收录恢复，偷鸡不成反蚀把米。

最让我无语的是，有一天我在论坛上碰到一个人，这哥们儿说，他有一套神秘的方法，能让网站获得大量的流量，我好奇就问他有什么神秘的方法，他说他这套神秘的方法可以传授给我，不过需要2000块钱。

需要这么多钱，我当然也给不起，也就不问了，而且十有八九是骗子。不过他跟我说，可以立即演示给我看，我心想看他演示一下也无妨，于是就把我的网址告诉了他。

没过一会儿，我发现我的网站流量真的蹭蹭蹭地往上涨，而且还有人真实地注册发帖了。

我一下子好奇心爆棚，我跟他说可不可以把这套方法便宜些卖给我。但这家伙坚决不肯让价，非要2000块钱才肯出售"秘籍"，我其实很想买，但我也没办法，我实在也没有2000块钱。

后面的几天里，他老给我说免费再帮我引一次流量，结果他一引，我网站上就真有流量，有的时候还有人加我QQ询问有没有广告位。

他给我说了一堆网站推广的策略，说可以收我做他徒弟，但前提就是要交2000块钱给他，把我弄得神魂颠倒的。

我终于决定花两千块钱来拜他为师，那两千块钱是我省了好久才省下来的，但想到以后我的网站就有流量了，这个钱可以买到梦想，这钱得花！

结果可想而知会很悲催，我转了 2000 块钱给他以后，他给我发了个软件，说你在这个软件里输入你的域名，就可以有流量到你网站上了。

我把这个软件点开一看，差点气得吐血，软件名字叫"qq 空间访问量小助手"，他就是用这个东西给我刷的假流量。

而我后来仔细一看，我网站上那些帖子多半都是这家伙自己发的，还有加我询问广告价格的 qq 也是他冒充的，等我找他的时候，他早就把我拉黑了。

这件事至今记忆犹新，仿佛是对我智商的莫大讽刺。其实类似的学费都没少交。

网上还有一些人，假装搞了一个大型网站，然后诱骗你去买他的广告位，说他们网站流量巨大，广告位可以低价卖，这就是抓住了站长们求流量心切的心理，然后等你去买了以后，发现什么垃圾广告位，一点流量都没有。

此外我在域名上也交过不少学费，最初办网站的时候，因为没多少钱，买域名肯定希望找便宜一些的服务商。曾经找过一个域名注册商，他的 com 的域名注册费只要 20 元，一般别的注册商都得至少要四五十元一年。

结果为了省几十块钱就花了 20 元注册了便宜的域名，等第二年要续费的时候，他竟然要收 200 块一年，如果你不续费，域名就会过期，而且在这些坑人平台上注册的域名，你想转到其他平台上也是极其困难，基本转不出去，所以只能交更多的钱了。

这样的事情以前碰到过太多了，都是学费啊！不过前面说的基本是一些被别人坑的事情。

其实大多数学费花在被自己坑上，说好听点就叫"试错成本"。我是一个行动力很强的人，一般一有什么想法就会立马去落地执行，这样是对的。但有时候也会因此付出不少学费。

我记得那时候，我三天两头冒出一些新想法，但每一个新想法，你去执行的时候，背后可能都是有成本的，比如要买一些道具，物料。结果你执行以后，发现这个思路是不对的，这些投入进去的钱也就白花了。

譬如做美术高考网的时候，我前面说过，我请别人给我刻了一个印章，刻个印章也是要钱的啊！这些都是决策成本啊！这些钱现在看起来都不多，可以忽略不计，但那时真的是一点一滴省下来的。

但所有交的学费都是成长的必经之路，相比于日后赚的钱，这点儿学费确实都可以忽略不计了，反过来说，即便被坑，也确实很值！

交的学费越多，自己的独立思考能力也越强！我也希望通过这一节告诉所有的读者，我们做任何事情独立思考真的很重要！

你在每个领域里都会遇到许多所谓的大神，牛人！我刘欣也经常在网上被别人称为大神，我说的很多话，也有很多人盲目地认同。

但我从来都会告诉别人，我其实就是一个非常非常普通的人，我说的话不一定都是对的！马云说的话也不一定都是对的。我们永远不要迷信任何人，永远坚持独立思考！

只有具备了独立思考的能力，我们人生的学费才能少交！而没有独立思考能力的人，他其实一生都在给别人交学费，永远出不了师。

2.5　别以为自己做的东西很牛，该卖的就卖

　　我那时候经常逛各种各样的"站长网站""站长论坛"，我发现大多数站长论坛中都有一个板块叫"网站交易"，这个频道是专门给站长们用来交易网站用的，点进去就能看到有一些网站在挂牌出售。

除了站长论坛里的"网站交易"板块以外，当时还有一些专门交易网站的平台，有一些站长会把自己的网站放在这些平台里出售或者去求购网站。

那时我曾在一个站长 QQ 群里看到有人在讨论，有一个人说他的网站一直没什么流量，也做不出什么起色，后来他要去国外读书，就把网站挂牌出售了，他给大家建议，如果网站做得不好，还不如卖掉省心。

听他这么一说我就在想，这个网站我花了这么多心血，花了这么多时间才做到今天这个样子，虽然它不能给我带来经济效益，但我怎么可能出售呢？再多钱我也不卖啊，这是我的心血啊，我必须要把它做大呀！

当时那个 QQ 群里也有好多人都在评价他，都说他网站不应该卖，如果好好运营，以后可能能值更多的钱，但当时那哥们儿说了一句话，给了我很大的启发，他说：

"我不把自己想得那么牛逼，在我手上暂时没用的东西，我就换成子弹，以后可以用子弹做更大的事情。"

我转念一想，这哥们儿说得是有道理的！我的网站放在我手上，也不能赚钱，还浪费我这么大的精力，我自己都穷得没钱花，还要在这个不赚钱的网站上持续投入。

我以后是要当商界大佬的啊，商界大佬面对商业应该是精准且冷漠的啊，我怎么能对一个网站扭扭捏捏舍不得卖呢？商人不应该这个样子！

商人必须要学会资源转化，能卖的就应该卖啊！和谁过不去都不应该和钱过不去！

我之前也说过，我是一个敢于变通的人，在很多事情上不犯倔，不管前面有了多少的存量，但思维坚持不固执，一旦发现情况不妙，我就敢于随时放弃存量，调转船头。

而且我细想后认为，这个网站确实得卖掉，并且卖掉是当下的最优决策！

因为这个网站没能给我带来收入，现在也遇到了瓶颈，但我在做这个网站的过程中积累了巨大的经验。

网站本身值个啥钱啊？值钱的都是自己的经验，我虽然把网站卖掉了，但我的经验没有卖。我把这个网站卖掉后完全可以用我已经积累的经验重新再做一个网站，而且那样的边际成本会比原来小很多啊！

而且正如那哥们儿所说的，我这个网站能卖些钱，那我还可以拿这些钱去把新网站做得更好。

想通这个问题以后，那就挂牌开卖呗！

于是很快我就把网站挂牌，标价 5000 元出售。

虽然标价是 5000 元，不过我心想这个网站总归值不了 5000 元，先这样标价，等到时候有人有意向，再谈价格，我真是个聪明的商人。（^_^）

但令我意想不到的事情发生了，网站挂牌后，没过两天我就接到一个咨询电话，是一个女士，她说在网上看到我发的网站出售帖，有购买意向，她说主要觉得我做的这个网站看上去就很认真，相比其他挂牌的网站各方面都显得更精致一些。

我给她做了网站的详细介绍。她说想要买，而且立即就可以交易，她非常爽快，竟然也没有砍价，爽快得都让我害怕她是骗子。

但结果她是非常信任我的，都没有走任何中介机构和担保交易，直接就把 5000 元打到我的银行卡上了。

我当时还特地跑到银行自动柜员机看了一下银行卡余额。看到银行卡上真有 5000 块钱躺在里面，心里非常开心，至少这 5000 块钱也是对我这段时间以来一个非常大的认可了。

但开心的同时我的第一应也是：唉，看来老子又做了一次亏本买卖，我这网站肯定有很大的价值啊，要不然她能这么爽快嘛！

我当时也不太懂网站的行情，觉得买家好爽快，自己可能又吃亏了。但这时候后悔也晚了，人家把钱都打过来了，我就把网站交给她吧，而且对于那时候的我来说 5000 元也完全是一个很大的数字了，充满了诱惑。

当你读到这里的时候，你或许也会和我当时的想法一样觉得这个网站价格卖低了，网站肯定不止 5000 元的。

但我站在今天的角度回头看，这个价格哪儿有什么低不低的，我当时完全就没有吃任何亏！

你要是有本事，这个网站 100 万也能卖出去，要是运气不好，这网站 100 块钱也没人会买。所以我当时能把这个网站以 5000 块钱卖出去根本就没什么亏不亏的。

而这 5000 元也算是我人生中的第一笔收入了，彼时还是一个高中生的我还从来还没拥有过这么多的钱呢，父母也从来没给过我 5000 元的零花钱。

而且这 5000 块钱对于当时的我来说也可以做太多的事情了！

事实也的确如此，在我接下来的旅途中这 5000 块钱确实起了挺大作用，我用这笔钱买了不少东西哩！

而且更重要的是，这个收入给了我很强的信心！我努力做了这么个网站，至少还获得了 5000 元的回报，至少有人会认可我！

被认可其实是很重要的，我们在做成大事的旅途中，从起点到终点，会经历非常多的挑战、挫败和看似的绝境。

在这个过程中如果一直没有人给我们打气，我们收获不到信心，那就会摇摇欲坠，很难坚持走下去！

　　但正是因为每个节点上又有那些小成就小收获带给我们信心，这些信心其实就是支撑我们继续往前走的最重要的理由！

　　我很感恩当年第一个买我网站的那个人，没有她的支持，整个旅途有可能也不是现在这个版本！

2.6 彻底撕掉蓝图，
追求落地盈利

　　美术高考网虽然出售掉了，但我在做这个网站过程中积累的经验却是永恒的，它可以让我不断复制我做过的事情，于是我开始构思新的网站。

　　我决定这次要认真做一个大网站，我在纸上对我要做的新网站画了一个很复杂的蓝图，把新网站的未来规划全部画出来了，什么思维导图也整了一堆，确定好了方向。

　　我这个新网站的 ideal 是这样的，当时 2010 年左右，国内的社交网站刚刚开始兴起，国外的 facebook 也很火。而我要做一个真正的 "face book"。我要建立一个大型的网站，这个网站就是一个大型的网络数据库，我的愿景是要让每个人都自愿来我的网站，把希望展示的自己的资料上传在我的网站上面。

　　有些类似于百度百科，但是只针对于人物，我认为不应该只有名人才有百科词条，每个人都应该有一个自己想要公开的互联网档案，我要让大家都来我的平台上上传资料，公开一部分信息。

这样我的网站就变成了一个最大的"人肉搜索"平台，每个人都有可能在我的平台上搜索到他想了解的某个人。

我觉得我这个网站做大以后也是能颠覆某些大型互联网公司的，而且我的目标就是要朝着颠覆掉 qq、淘宝而努力。从网络档案库一步步衍生到社交、电商、金融，未来我的商业帝国就起步于这个小小的数据库网站。

现在想想那时候自己的想法挺好玩儿的，不过后来在全民创业的时代里，我在中关村也见过太多太多和我当年一样，煞有介事，一本正经地给我讲他的庞大伟业的创业者，他们亦是动辄要颠覆微信，动辄要压垮淘宝。

他们这些创业者里有一些估计在持续碰壁后就和我一样变通且灵活的认识到现实的状况而落地了。

而有的则一直在倔强地努力，我是不看好那些倔强且不知变通的努力者的。我认为他们认死理，一根筋往上跑，容易被媒体和所谓的愿景鼓动。他们中有万分之一的人或许会有大成就，但是几率太低，不值得一赌，我是商人，不是赌徒。

当然每个人的梦想也不应该被嘲笑，我记得我在筹备早期网站的时候，我也和很多亲朋好友说我的想法，他们大多数人都会和我讲一些我不要听的大道理。不过有的时候，我们初期的想法，时过境迁以后再回头看，确实会觉得有很多稚嫩的地方，我不会嘲笑任何人的梦想，我只是如实地说出我切身经历后的感受。

当然这些都是后话，我当时拿着卖网站赚到的 5000 块钱升级了我的虚拟主机配置，还买了好几个域名。

装备上有了升级，工作也可以更高效了。我那时候也还不会编程，但大体自学知道了网站的程序是怎么回事了，我决定用 wordpress 这个程序去二次开发达到我想要的网站功能。

于是我在淘宝上花了 500 块钱请人给我二次开发了一套基于 wordpress 的互联网人物档案库，我给这个网站起名叫：众众网。

一开始在众众网上传个人资料的人很少，于是我还是先自己上传，我把百科 wiki 网站上很多名人的资料采集下来，然后改改就上传到我的网站上了。

当时我这个网站有一个思路现在看也是走得很对，我的网站里有很多人物的名字的页面，一般一个普通人，虽然不会有太多人在搜索引擎搜索他的名字，但多少总归会有一些，而我的网站上汇集了大量人物的名字，但凡在百度上搜这些名字，就会有很大的几率到达我这个网站。

所以我这个网站的流量做得还算可以，多的时候做到了每天有近 1 万个人访问。

但即便一万个人访问赚的钱也不多，只能通过广告联盟赚取很少的佣金，网站本身是没有盈利模型的，只能赚一些广告费，而这些广告费比搬砖还少，不过也算是越来越进步了。

在这个过程里，我折腾着。折腾着，也高考完了，一瘸一拐进入了大学阶段。

我的大学在美丽的苏州独墅湖高教区，我的大学也是江苏省一所崭新的高校，我至今其实也非常喜欢上大学的那个高教区。

高教区内有一个特别特别大的图书馆，那真是一个特别能体现纳税人福利的地方，图书馆在美丽的湖边，图书馆里有一个小馆全是互联网与计算机方面的书籍，我时常泡在里面看书自学互联网知识。

我的大学虽不是名牌大学，但在我的心目中，它又是一个很好的学校！学校的领导和老师拥有开放与进步的心态，对学生的发展很用心，对有创业想法的同学非常支持，我在创业的过程中，学校也一直给予我不计回报的支持，学校有自己的大学生创业园，有供创业的同学使用的办公楼。

其实对于一个创业者来说，在校园里可能会面临很多的不解、挑战、拖后腿以及不能变通的事情，但是我在创业非常重要的起步阶段里，学校和老师没有给过我任何阻力，反而真诚地给予帮助，支持！所以我会永远感恩母校。

但我的大学并不是什么名牌大学，学校的学习氛围也很一般，感觉我的大多数大学同学也没有什么特别大的追求，而且大家中学时代都没有我那么 open，到了大学以后大家都开始放松自己，谈恋爱，玩游戏。

而我却成了一条比他们孤独很多的单身创业狗。

但有的时候心中不免有一丝失落，从小到大我初中高中都是当地最好的学校，大多数同学对于学习还是非常认真刻苦的。而我看到大学同学们每天很 high 地玩游戏，谈恋爱，其实心里还是时常会有很大落差的。

时常也会想起自己初一的时候做的私服，想起曾经喜欢过的某个成绩很好的女生，想起曾经信誓旦旦地告诉自己要考清华。

看来以前老师家长说的大道理都是真的，自己以前没有好好学习，现在估计苦果要来了。互联网仿佛也没有给我带来什么更大的成果，我的网站半死不活，无力突破，我曾几何时画的那么宏大的网站发展蓝图，感觉根本没有路径可以实现。

但我也只能告诉自己，不管怎么样已经到这一步了，还能怎么样呢，只有往前看了，只有走一步算一步了！

虽然情况很糟糕，但还是有巨大可能性的，我们学校所在的区域也是苏州市互联网氛围最浓重的地方，不远处就是国内某家非常知名的旅行网站的总部大楼。

这个知名的旅游网站应该算是苏州互联网公司的代表了，

他们在我们学校不远处有一整栋办公大楼，我就常常散步走到这些互联网公司大楼底下看着他们的大牌子，那时我心里会有一丝希望，因为他们的创始人也是从这个高教区上大学的时候在很差的环境下起步，如今做得这么大。

渐渐地我开始冷静下来，重新复盘我的互联网计划。我想来想去，互联网创业这件事情，我不应该好高骛远，整再多所谓的蓝图和规划都是没有用的。

我发现过去我把很多的精力用错了地方，我总是在追求产品层面的精湛，以及做一些不成熟的商业布局的规划。

其实因为自身商业思维的极大不成熟，那时候所做的很多规划和工作其实都是在周而复始，始而复周地折腾，实际作用并不大。

我开始想明白，我现在要做的最重要的改变就是，由虚向实，我不应该考虑过多以后的事情，未来的规划其实都没有用，互联网是充满变化的，创业更是非线性的！很多东西是不可预料的！

我现在最应该做的事情就是开始自己的原始积累，要落地，要赚钱！

目标必须要明确明确再明确，就是要落地赚钱，先养活自己，财务自由！其他的东西用不着操心，如果不能赚钱，不能财务自由，谈其他大规划和愿景都是空洞的，不实在的。

我觉得这个思维上的变化对我日后的发展是极其重要的，它奠定了我当下人生阶段里的指导思想！

其实很多创业的人，在经历了 N 次失败，情怀与愿景被击碎一地，一把年纪的时候才能想通这个道理，那时候可能会晚了，现实的情况会让他们不能再像我这样能屈能伸了，而我却很庆幸，在我 20 岁大一的时候就想明白了这个道理。

落地，赚钱，原始积累成了我在日后的数年时间里的指导思想。

我撕碎了宏伟蓝图，由虚向实，开始追求互联网的现金生意，而做一个"伟大公司"这样的大口号就从我内心中消失了。

其实在后来的日子里，有过很多的投资人以及其他"有情怀和愿景"的人都说过我，他们说：你这么聪明的脑子，对互联网又这么懂，你干嘛要做这些接地气"赚小钱"的事情，为什么不好好做一些能估值变大的大事业。

我都会告诉他们：我自认为自己的内功现在还有限，没到做大事的时候！先赚钱！

他们还是会表示不屑，但我在这一点上却很坚持！我道路自信，理论自信，在很长时间后的今天再回过头来看，我还是觉得当初我在一无所有的时候给自己定下的这个指导思想是正确的。

今天我看到身边很多曾几何时还满口情怀，不要盈利要做"伟大公司"的人们，他们屡次碰壁以后最终也认识到老老实实去做一些先进生意才是务实的正道。

而今天的我却反而拥有了更多机会去做触碰我内心深处真正的愿景与梦想，譬如我可以来写下这本书，譬如我可以去做那些曾经好高骛远而今天一无所有的人无法去做的事情。

2.7 第一个盈利模型的建立

我既然已经决定了接下来我的目标就是要落地赚钱，那互联网上只要不违反我的价值观，不违反法律的事情，我都愿意去尝试！

违法的事情我当然坚决不会触碰，并且我这个人的道德底线也是很高的，哈哈。

任何过于低俗的事情，擦边的事情，侵犯版权的事情，过于暴利的事情，我是坚决不会做的。

这和我的基督教信仰有关，在此不多说了，总之一直以来互联网上有的事情虽然赚钱，也非常适合我的资源去做，但我觉得那是不符合我的价值观的事情，打死我也不会做！

当时我做的网站因为很难赚到钱，网站流量不太多，所以我决定要继续采用我的老办法，杀手锏，我要把我的网站卖出去。

卖出去就赚钱，我干嘛不卖呢？于是我把我的众众网也挂牌出售，这个网站我做了一年多，最后还是挂牌出售了。

没过多久众众网也卖掉了，买家买我这个网站是看中我的网站在搜索引擎中的收录量，而且觉得我的网站程序不错，直接买个现成的回去，也省去了它的开发成本。

我开始想明白了一件事情。既然我做的两个网站都是一挂牌就卖出去了，这说明有很多人就是有购买现成网站的需求啊！

那我为何不专门来做这个生意呢？我完全可以批量做网站，然后批量卖啊！这样我的所有经验和知识不就能最大化地利用了嘛，而且这就是一个明明白白的现金生意，具有非常好的现金流啊！

而真正提供这个需求服务的人很少很少。一般挂牌卖网站的人，都是一些网站的站长因为自己的网站经营不善，所以才出售。但没有人专门做这个生意，那我就专门来批量的制造网站，然后批量把网站挂牌出售。

于是我为自己制定了一个商业模式，我就流水线式地做出美观的网站，然后将成品网站做一些推广获得一些流量，然后直接挂牌交易，不追求每个网站本身能盈利，而将每个网站当成商品来生产和售卖，跟范曾画画儿一样。

懂技术的人都知道，我批量做出来的网站边际成本很低，因为我已经学会了这些技术，并且能控制成本，从网站程序，网站主题，域名，服务器的配置等每个环节，我都知道如何把成本控制得最低。

而且怎样注册域名最便宜，服务器用什么方案最便宜等等，我都设计了标准化的流程，这些知识也是之前积累下来的。同一个主题的网站，我可以做出很多，然后导入相同的数据库，网站的前端我设计出区别，后端和数据都是一样。

这块业务我很快落地实施，并且上线。因为商业模式已经想明白了，这时候做事情的目标就更明确了，核心的 kpi 无非就是把网站卖出去，所以我每天都固定到各个网站交易论坛和平台上去发帖子。

这个生意开展以后果然效果很好，客户也非常愿意购买我的网站，这时候我也算是恍然大悟，其实创业，做生意，真的是要遵守商业本质，你必须要有东西可以卖，不管你做任何事情，你至少都得有一个你自己的商品，以前我只有网站，但没东西卖，没有商业模式可以接得住。而现在我目标明确的把网站作为了我的商品，盈利模式就成立了。

人一旦开始赚钱以后，因为目标明确了，焦虑感会少很多，每天忙也会忙得更开心。

我对顾客也非常认真友善，买我网站的人基本都是对互联网很感兴趣的人，或者本身就是互联网创业者。我很能理解这些人，他们平时肯定都会碰到各种各样的问题，我也很愿意用我的经验帮他们解答，久而久之我的口碑也不错，生意变得越来越好。

我的网站虽然是批量制作的，但模型都做得很用心，有的网站还有一些基础的流量，帮助客户省去了最初获得起始流量的过程。

其实一直以围绕网站服务开展生意的公司也有很多，但要么是帮别人建网站的外包公司，要么是网站 saas 服务，而像我这样的模式却几乎没有人专门做。

虽然是个很小众的市场，但这个市场基本都被我占据了，多的时候一天能卖出去上百个网站。我渐渐地把交易流程也梳理得更标准了。

我觉得这也是我很重要的一个能力，对于赚钱的生意，哪怕是再不能标准化的事情，我都能把流程梳理得很标准。

其实这是一种意识和思维，有的人做一些小生意或许也能盈利，譬如开一家餐厅，但他们开了餐厅以后可能大部分的精力都是想着怎样节省成本，怎样去亲力亲为去为店里做更多琐碎的事情，怎样去节省一个员工的工资开支。而我着重思考的却是，这里哪些环节可以自动化，标准化，模块化，然后让别人去做，或者我更轻松地去做。

我这样的意识和思维就能让生意变成流水线，变得跟一个程序一样，真正要做成大生意其实是需要这样的意识的。

很快网站交易这块业务我一个人搞不定了，需要建立团队了。那时候也开始有比较可观的收入了，一个月我开始有上万元的收入，后来到数万元的收入。

其实从 0 到这几万元每个月的收入，中间我付出了巨大的学习成本，但是真正来临的时候也无非就是做了一个别人懒得理会的生意，站长们都雄心壮志的要做大网站谁愿意干这个？

而我在做网站的过程中发现卖网站赚钱更快，于是就别的什么也不干，all in 做这一个生意，就有收获了。但大多数人其实还是倔强的，不愿意变通的，完全看不上这样的小生意，因为这样的小生意甚至连生意所在行业的名字都没有。

其实他们不懂，真正的蓝海生意从来都是没有名字的，名字都是渐渐成为红海以后别人给起的。

很多今天的互联网创业者也不懂，当年互联网领域还有一个闷声发大财的生意叫"友情链接交易"，前几节我讲到 seo 的时候曾经提到过。

所谓友情链接交易就是你把你的网站的友情链接卖给其他人，为别人的网站增加权重，当时卖友情链接的站长也是比较多的，但他们都是做一个网站出来，顺带卖一下友情链接，都是以赚外快的心态，不会把这个当成重要业务。

而我觉得这个里面既然有需求，那我就要去当回事地做，我当时的主要业务虽然是批量做网站，然后卖网站。但我做这个生意，手上平时都有很多的网站，这些网站本身也是一个资源。

我除了卖网站以外，每个网站底部的友情链接我也出售，我的网站的友情链接一般十块钱一个月，一个网站可以卖十几个友情链接，而我手上平时都有上百个网站，我一个月光靠卖友情链接，也能多赚几万了。

通过这个生意，我组建了自己的第一个商业模型。其实这些钱真的不难赚，当时客户很多，需求很大，但大家就是看不上，觉得这是小生意。

我也是因为那时候有了收入才促成了后来良性的发展，也增添了自己的信心，如果我们做一件事情，一直没有收入，那某种程度上也会打磨掉我们自身的很多信心，有收入才能更好地证明我们做的事情有价值。

我前几天去网上还看到当年我在做这个生意的时候，写的一篇总结经验的文章，这篇文章当时发表在站长网上，被很多站长阅读过，我把他发出来：

《站长如何短线操作实现盈利》

许多的站长运营网站是为了一个理想而去的，他期望某一天自己的网站能够做出成就，给更多的人带去福利，也为自己赢得财富。我很鼓励这种运营网站的态度。

但是也不可否认，有的时候短线操作一个网站也是一种不错的方法，短线操作网站能够快速实现盈利，为站长增加信心，是一个很不错的选择。今天，来谈谈常规的网站短线运营的策略与步骤。虽然是短线操作，但在做网站前面还是先要遵循如下三点准则：

短线网站运营的前期工作：

1. 一般短线运营的网站都是不久后要卖掉的，为了能够更好地出手，你的域名一定要选择好，因为买家就算不喜欢你的网站，或许会因为你的域名好而把他买下来。

域名的选取，我主推能够注册到的三拼域名，因为双拼域名资源已近乎枯竭，但目前还有很多三拼的顺口的域名未被注册，千万不要选一个杂七杂八的域名，杂七杂八的域名就域名本身而言没有任何价值，而三拼音域名毕竟是有升值的可能性的。当然有条件的可以选用双拼，或者纯数字域名也是可行的。

2. 你的网站最好能够备案，因为备案后的网站更容易卖出去。备案后的网站，因为服务器放置在国内更加省钱，且速度一般都比国外要快很多。而未备案的网站，万一你日后的网站想要做出名堂，想要正规化运营，那还得关闭网站一段时间重新备案。笔者的经验告诉我备案后的网站更容易出手。

3. 不管你的网站是如何短线操作，切记网站样式要设计好，不要一看上去就像个垃圾站。网站的 LOGO 要尽可能地设计好看，因为这样，你的下家才会觉得这个网站是你认真做的网站。

短期网站运营过程中常见的盈利模式：

相关个人站长可根据自身不同的情况做出变更，本人在网站运营过程中靠链接交易和软文交易盈利的比例较多。个人也比较推荐这两个盈利点，原因是出售链接，或出售软文，可以不考虑网站的流量，也就是说哪怕你的网站流量是 0，那照样可以盈利。这对快速短线操作的站长来说是一个不错的选择。

网站最后的出售：

短线运营的网站最后将其出售是一个很不错的盈利方式，

可以迅速获得丰厚的利润。投入小，收获大，笔者有好几个网站并未投入过一分钱，两个月下来到交易平台出售，价格高的时候，一个百度收录 10000 的网站，售得 8000 元左右。

你若想一个网站售得 8000 元，一定要满足上述的要点，让买家觉得你的网站是用心做的，SEO 上排名先不谈，至少要收录多，快照新。然后你的网站无论从设计上，还是用户体验上都感觉是一个很正规化运营的网站，那这样你的网站便能很快出售。

有人问我一般做短线网站，多长时间出手比较合适，笔者大多不会将一个网站运营超过 4 个月，运营 2 至 3 个月之后出售居多。

以上便是笔者近年来短期运营网站的一些经验的分享，若您能读到这里，您定然会取得收获。愿大家共同努力，用自己的勤奋和智慧创造丰富的人生。

2.8　我是
隐形冠军

　　我觉得在互联网上创业或者做生意若想取得一个阶段性的成功，无论是个人抑或是小团队或者大公司，有一点很重要，那就是你必须成为你那个细分领域里的冠军，第一名，如果不能成为第一名至少也要成为并列第一。

　　当冠军，听上去好像极其困难。

　　其实未必！因为我们并不是说要在一个很大的领域里当冠军，那样是比较困难的。

　　而我们起初只需要在一个极其细分的领域里成为冠军即可，这其实是不难的，而这样的领域往往非常小，小到没有多少人会关注，所以叫做"隐形冠军"。

　　很多极其细分的小事情，其实根本就没人做，即便有人做，可能对方也不是在全副精力地做这件事，而一旦你发现了这样的领域，你就可以投入 All in 的时间和精力进去，你自然就是这个小领域里的隐形冠军。

　　就好比前面我说的我卖网站的项目。在网站出售这件事情上，我当时应该已经算是隐形冠军了，因为当时各个网站交易平台上可以说至少一半以上都是我的网站在上面交易，当时不仅在国内，国外还有一个最大的网站交易平台叫 flippa，我在这个 flippa 上的销量也是最大的。

而关于网站建设这个大领域里，有很多个细分领域，比如：网站外包建设的公司，还有做建站程序的服务商，还有出售标准化模板网站的公司，这些都有人去做。

我没有去跟他们直接竞争，我是选择了另一个更小的领域来突破。

所以说起来我是隐形冠军，其实这个冠军也没多大，谁来好好干，谁都能和我并列第一，但就是没人来！

这个赛道上就你一辆车，你当然是第一。但关键的问题是，你能不能找到一条没有车子的赛道，并且找到以后，你愿不愿意好好在这条赛道上认认真真地和自己比赛。

很多人看到这样的赛道以后，就会不屑，靠！这赛道上连车子都没有，老子不走！他们非要去走那种千军万马的独木桥，那样的成功率当然会低很多。

很多朋友会问，那今天到底还有没有这样的没有车子的赛道了？其实我觉得今天，这样的小赛道只比那时候多，完全不比那时候少，尤其是在互联网上这样的赛道和机会非常多！

比如今天有很多人做公众号，围绕微信公众号就有很多的产业和生意，有的公司是专门给你做公众号开发的，有的公司是专门提供标准化程序的，有的公司是做公众号代运营的，有的是做公众号与广告主之间的中介的，这些都算是大的品类了。

还有一些更细分的领域，比如我看到有些人是专门帮企业注册公众号的，有的人是做公众号交易的，还有一些产业比如是帮助公众号加粉丝的，加阅读量的，甚至是组织公众号与公众号之间互推的，出售原创文章版权的。

这些看似极其细分的领域，真去投入精力做了，其实变成一个隐形冠军并不困难，当然前面所说的给公众号加粉丝、刷阅读量，这种帮别人弄虚作假的事情我反对大家去做。

再比如，现在有这么多的微信群，那要是有人愿意去围绕微信群这样极其细分的门类做一些服务，比如微信群广告代理，微信群互推，那更是容易成为隐形冠军，但又有多少人真的愿意去做呢？不都是想着要做更高一层级的事情嘛！

我再举几个或许可行的例子，比如这两年各种各样的自媒体平台如雨后春笋一般多了很多，什么头条号、百家号、uc公众号、企鹅号。如果围绕这些号去做一些业务，比如代运营、交易、互推啥的，那目前看似也很小，但或许也非常容易成为隐形冠军。

当然我只是举例子，是否可行，还有待进一步验证，但我要表达的意思就是说，即便到今天，我们可以做的看似很小的事情太多了，这些事情都是没有车子的赛道，谁第一个踏实站上去，谁就是赚钱的隐形冠军。

有一本书就叫《隐形冠军》，但这书本身我不觉得写得有多好，但是隐形冠军这个思路我觉得很棒，传统行业里也有大量的隐形冠军，比如某个生产钢丝球的公司，或者生产某个不起眼的小零件的公司，没多少人会发现有这样的公司存在，但是他们的产品或许占据着该品类里很大的市场份额。

而在互联网领域里，做这样的隐形冠军的机会是越来越多，遗憾的是大多数人都是追求做更大的互联网项目，真正能在互联网上深耕一个小领域的人现在是很少的，正在阅读本节内容的你，其实可以好好想想这个问题，踏实做一件别人看不上的小事情，耕耘一番，你就是冠军。

其实今天的我依然是某些小领域里的隐形冠军，今天我公司的核心业务可以说还是隐形冠军的业务，我也很少在外面宣扬我公司的核心业务，因为我们和别人有很大的差异化，我们做的事情依然是很多同行看不懂、看不上的事情。

我不太想过多提及我今天公司的业务，但不谦虚地说，今天和我掌握差不多资源的公司，甚至名头比我们响很多的，整日招摇过市的公司和创业者们，他们的业绩比我们差远啦！

我们还是要先当好隐形冠军，因为我相信能把隐形冠军当好，才可以更好地练好自己的内功，才更有可能成为真正的世界冠军。

2.9　为什么好 123 能卖 5000 万，我却只能卖 400 块

　　从高中时折腾互联网不赚钱，到第一个商业模型的建立，通过做网站交易能够取得稳定的营收，我历时了两年的时间。

　　那时候我自己的生活开支也完全足够了，手头宽裕了很多，我在校园里也可以过得挺好。

　　但我也很清楚，我还只是在赚小钱，虽然我告诉自己我不能好高骛远，而要务实落地，但我肯定也不是那种小富即安的人，目标必须还是要有的，我肯定还是要往前看，往上走，追求更多的。

　　其实对于很多从 0 到 1 的创业者来说，100 万或许是一个关键的数字指标，我也一样，那时候我的目标就是要尽快赚到 100 万，因为拥有一百万以后我就有了积累，我就可以做更多的事情。

　　我算过一个账，我如果要在一年内赚到 100 万的话，全年里平均每天都必须要赚到 2800 元左右。

　　我靠，这也太难了吧！对于一个大学生来说，每天赚 2800

元，简直是不可能实现的！

我做网站交易业务，一个月最多最多最多的时候也就只能赚三四万块钱，这还不算团队的开支，平均下来还要少很多，离一天 2800 元的目标简直太遥远了。

这块业务的市场规模本身就很小，并且我因为追求销量所以每个网站我还卖得很便宜，那时候卖一个网站有时我只能赚一两百块钱。这要到 100 万，得要不吃不喝好几年呢！

而那时候我已经明白了一个道理：对于我们来说，最宝贵的就是时间，我做什么事情都必须快，而且不能把自己的时间陷进去，其实这也是后来我选择做什么事情，选择不做什么事情的重要标准，可能会将自己的时间深陷其中的事情，尽量不去做，当然这是后话。

我每天都在想，怎样赚一百万，怎样赚一百万，怎样赚一百万。我把这块业务做了各种新的尝试，比如找一些新的销售渠道去销售网站，比如用一些新的销售方法，但是局面依然没有被大范围地打开，距离我赚一百万的目标还是挺遥远的。

那时候的我也经常去研究各个知名网站和互联网公司，研究他们的商业模式和运作模式，研究他们创始人的背景和策略。

有一天我读到一篇文章，大概内容是说，一个很简单的网址导航网站好 123，早在 2004 年的时候就卖给了百度，当时的成交总价格差不多要 5000 万。这篇文章顿时让我眼前一亮，好 123 这么简单的网站，为啥早在 04 年的时候就能卖数千万，我得好好研究一下！

好 123 网站的站长叫李兴平，此人背景比我 low 多了。我好歹还是个大学生，读过那么多书。而这个好 123 的创始人李兴平最初就是一个网吧的网管，他在网吧上班的过程中发现很多中国人上网记不住网址，就无心栽柳做了一个最简单的页面，把知名网站的网址全部放在这个网站上面，让别人可以点击。

好 123 卖给百度是在 2004 年，那时候我才刚上初中呢，那时候他这样一个简单的网址导航网站为啥能卖这么贵呢！而我今天卖的网站，功能怎么也比好 123 复杂多了，居然只能卖几百，几千元，很少有能破万元的。

而且好 123 的网站从技术上说简单得不能再简单了，我分分钟也可以模仿一个。

但他之所以能卖 5000 万，其实核心的原因也很简单，无非就是因为他有巨大的用户量以及知名度。

因为读了好 123 的这篇文章，我对自己的生意也有了很多的新启发。

我开始复盘我的网站交易模式，我首先重新确认到底为什么会有客户愿意买我的网站，我发现我的客户大致分为两种：

一种是：自己也想当站长通过互联网创业赚钱，但是没有建网站的技术，又没有时间悉心学习，所以买一个现成的网站是最快捷省事的。

另一种客户群体则是比较高端的客户，他们可能会问我买一些上万元的贵网站，我的贵网站和便宜的网站的差别其实也就是用户量的不同。

贵一些的网站用户多，流量大，所以进一步降低了客户初期运营与引流的成本，所以能卖相对高的价格。其实这就和百度购买好 123 是一个道理，好 123 流量巨大，百度购买它则直接且方便，百度自己搞一个的话，运营成本也会很高，不如直接买。

而我的几百几千元的网站相比于 好 123 五千万的价格来说，我的网站其实就是快销品，客单价低，这一类的客户画像都是只愿意花几百几千学习练手的小型创业者或爱好者。

如果把网站都当成商品来说的话，我的商品就是杂牌，质量差，低端廉价，所以只能卖给相对低净值人群。而好123是名牌，质量上乘，所以他能卖给土豪百度。

所以我想明白了一个道理，如果说我真的想赚100万，我必须要提升我的客户画像，找到有钱的客户，把利润更丰厚的高端商品卖给他们！

我应该降低我每个网站的销售速度，而把每个网站产品做得更精一些再高价出售。

我觉得这个思路是对的，要想靠这个生意赚更多的钱，我就要开始进化商业模式，不能再做快销品了，因为这个市场本身就不大，快销品天花板低，我必须得以质取胜的商品卖给高端客户，要摒弃之前以量取胜的思维。

当然之前的思路在最初的时间点下是正确的，但现在我已经到了新的阶段，我就必须有新的调整和迭代。我必须要提升我的网站产品的定位，提升商品单价，也要升级客户画像。

当初我开始做这个生意的时候，追求低价快销，是因为我当时实在是一点资金都没有，现在也有了一些积累，我就应该把产品做得更精一些，把少量的网站花更长的时间去培养，做出更多的流量，做出更好的数据，然后卖出更好的价格。

我觉得很多生意做到后来都是一样的。你不能一开始就高举高打，一开始就是务实地追求数量，哪怕利润微薄一些，先能基本地养活自己，但绝对保持追求进步的心态，等合适的时机再升级自己的产品和服务以及客户群，朝着精品的方向去发展。

于是我开始降低网站出售的速度，开始策划运作几个精品的新网站，只把这几个精品网站做好，然后高价出售！

这时候的我和做美术高考网以及众众网的时候已经完全

不一样了。我已经在互联网上拥有了更丰富与相对成熟的经验，对技术更熟悉，对运营、获得流量也越来越精通，我个人手头的资金也宽裕了很多，所以现在策划几个网站出来做，我很有信心会做得很不错，并且策划的这些新网站，其目标依然很明确，就是做到一定程度然后将其高价出售掉，核心的思路没有变！

2.10 我的
推广策略

前面说了，我要策划几个精品的网站，朝着高价的目标去售卖。

在策划这几个网站的时候，我选的题材依旧很接地气，都是大众喜闻乐见有丰富目标人群的题材：我当时发现很多年轻人喜欢聊星座，星座类的关键词在百度上搜索量很大，于是我就策划做两个星座类的网站，其他还策划了一个小学生作文网，一个美文网，另一个是笑话网。

在决定做这五个网站之前，我是通过百度指数、关键词采集等等方式调研了相关用户群体是比较大的，这五个题材有足够多的搜索引擎关键词，每天有大量网民通过搜索相关的关键词寻找相关信息，所以才确定了这五个方向。

这五个网站，从一开始就相比以前的网站更加高举高打，就拿以前网站的 logo 来说，以前的 logo 都是我自己设计的，而这 5 个网站是花几百块钱在淘宝找人做的，另外前端的界面也请人设计成了很专业清新的样式。

要知道我们以前是绝对不会在设计 logo、设计网站样式这种事情上花钱的，而这次都是请专人设计，可见我们是比较重视的，哈哈。

在网站的推广方面，我们考虑到因为网站的搜索引擎权重以及网站的流量是可以互相传递的，所以我得先重点推一个网站，先把重点资源打在一个网站上，然后让这个网站带动另外几个网站。

我选择了先推作文网，我给作文网购买了大量高权重网站的友情链接，然后我带着我团队的小伙伴在贴吧、知道、天涯社区等渠道大范围地全力推广这一个网站。

这里还可以讲一个当年推广网站的干货，当年用这个干货和方法获得了很多流量：

那时候用 seo 的方法推广网站的人非常多，但一般人做 seo 都是侧重于给自己的网站增加权重，即想方设法地让自己的网站在搜索引擎中获得好的排名以希望自己的网站变成搜索引擎的 landing page（着陆页）！

但说实话，我觉得这种方式对于普通互联网创业者来说是很困难的，因为大家的网站其实都是小网站，很难通过搜索引擎优化真的给自己的网站带去非常快速显著的排名效果。

市面上有很多所谓的 seo 服务商也不太靠谱，因为你想想，百度这么大的公司，它目前主要的盈利都是靠卖竞价关键词，它能让别人随随便便优化几下就把自己的网站排名靠前吗？

我的网站起初权重也不会很高，所以我考虑到给自身网站做 seo 获得流量的周期也会比较长。于是我想了一个新的策略，我选择了一个比较聪明的"间接 seo"方法。

所谓"间接 seo"就是，我不在我自己的网站上花时间做 seo，而是我给间接能给我流量的大型网站上的页面做 seo！把这些页面作为搜索引擎的着陆页，然后在着陆页上推广我的网站或微信。

举个例子：

我当时做了一个"作文网"，这时候我想通过搜索引擎优化，让搜索引擎上的用户通过搜索"作文网站"这样的关键词进入到我的作文网。

一般人的思路，就是一个劲儿的给自己的"作文网"本身做seo，试图让相关的搜索引擎关键词直接指向到自己的网站！但我却会利用一个本身权重很高的网站来做搜索引擎落地页，然后从落地页上推荐我的网站！

例如我会在高权重的贴吧或百度知道上发帖子，比如我发的帖子的标题叫"求推荐一个作文网站！"（注意这个标题里一定要包含你想优化的目标关键词！）。

然后在帖子下面，我会自己推荐我的网站。当然现在大家如果没有网站，可以推荐你的公众号或app！

帖子发好，就等于做好了一个着陆页！

帖子发好以后并不是万事大吉了，因为你发的帖子多半是不会有人主动来看的。

但你要知道你发帖的目的，不是为了让贴吧或知道里的用户来看，而是为了利用这些高权重的平台来做一个着陆页，是为了让搜索引擎来看这个帖子，让别人搜关键词的时候能搜到你的帖子！

你只需要疯狂地给这个帖子做seo，让帖子排到搜索结果的第一名或者前列。

而给帖子做seo的方法跟给网站本身做seo的方法差不多，就是在各个地方发这个帖子链接，推这个帖子，往往这个帖子被曝光得越多，搜索引擎给帖子的权重也就会越高！

　　那为什么我们不直接推自己的网站，而要推这个间接帖子呢？

　　因为帖子所在网站的本身，seo 权重就非常大，比如百度贴吧，百度知道，知乎，这些网站的 seo 权重当然比你自己的网站大太多了。

　　我们只是把这些高权重网站里的页面作为着陆页！

　　你把高权重的网站变成了你的着陆页以后，你只需要稍稍对你的着陆页做一些 seo 优化就会获得排名和流量。

　　反之你给你自己的网站做 seo 其实就意味着你把自己的网站作为搜索引擎着陆页，自己的网站没有权重估计做半天也不会有啥效果。

　　这其实是一个很重要的 seo 引流策略，说得再简单一些，就是选择大平台做你的着陆页！用这样的方式，我曾经获得了很多的流量。对 seo 有了解的朋友可以实践这个方法！

2.11　第一个
　　　一百万的意义

　　用这样的方式，我们获得了很多的流量。作文网自身的权重也很快就提升了，一两个月的时间我的作文网首页就到达谷歌 pr5 的级别（谷歌当时有一个对网页评级的机制，pr 值达到5 级说明网站权重还可以）。我这个作文网绝对是当时国内流量排前 3 名的作文网。很快其他四个网站也跟进，网站之间交叉链接，流量互通。

当时宿舍的小伙伴

当时我大学宿舍里的小伙伴都已经加入了我的团队，原本整天打游戏的他们，都不打游戏跟我玩网站了。我把我两年来的所有经验和思维都用在了这个由 5 个网站组成的网站群上。当时我确实很拼很努力，因为网站的流量大量提升，网站在全球的排名也变得很靠前，在业界也开始有一些朋友因为我的网站而认识我了。

这时候上帝也并没有让我失望，幸运和收获悄然降临。

有一天我的 qq 上，突然有人拉了一个讨论组。拉讨论组的人是 a5 站长网的老板图王，图王是一个互联网界的老兵，也是一个很值得我尊敬的互联网前辈，他专注于做互联网产业里的交易担保，蔡文胜买东西都经常找他做中介。

但讨论组里另外一个人我不认识，图王向他介绍我，说我很年轻，很聪明，有几个不错的网站。

那个人就和我勾搭上了，那天他人在上海，我在苏州。他得知我在苏州，很高兴。问我能否明天去上海找他一下，想聊聊网站的事情。我隐隐之中觉得图王介绍的人肯定还不错，或许会有好事。我就去了上海找他。

那天被约在沪上一个特别特别高档的酒店午餐，我等了他一会儿，他到了。吃饭的时候，聊了聊，我感觉他是大佬，因为那顿饭肯定很贵，我那时就是个穷学生，都不太敢说话。

他开门见山地说挺喜欢我这样的年轻人，看了我们的网站，感觉很不错，想收购我的网站，后续还可以支持我去做一些其他事情，我其实做那些网站的目的也就是为了出售，他有意向购买，我当然也很积极。他让我回去整理一下网站的情况，并且考虑一下价格，给他一个报价。

后来我就回去整理了一下，我告诉他我有 5 个网站，但只想卖 3 个，并且把每个网站的详细情况和数据给他看了。他同意了，最后谈价格的过程也很轻松，三个网站打包140万交易。

关于这个买家，后来也是我人生中非常重要的贵人，帮过我很多，我今天不多说。总之日后见过的人已经数不过来了，但真正有实力、用真金白银交易的人寥寥无几，很多所谓投资人、伪大佬、伪合作伙伴都是没魄力，都是墨墨迹迹浪费时间的。

几天以后我们就交易了网站，资金他也给我转账了过来。

企盼许久，思考过很多路径都想寻求的人生第一个100万，就这么来了。其实收到那140万的时候，我都完全不知道一个人的银行卡里是不是可以放这么多钱，因为从来没见到过啊！

但是实实在在地说，收到钱的那天，我内心看到银行的数字的时候，我都记得，我是很平静的，我当时默默在qq上发了一条说说："突然就发财了，但没有暴富的感觉啊，好像都是努力这两年应得的。"

人生这第一个100万的整个过程，其实我至今都清清楚楚地记得其中的每一个细节。

而这笔钱对我后来的发展简直太重要了，我当时只知道要赚100万，但其实并不知道这钱对我日后竟然有那么大的影响！

我回想起来，能取得这笔重要的收入，一方面与我的努力和我不断地探索和坚持是分不开的，另一方面也有太多偶然的因素，这些因素可能包含时代的进程，红利，还有一些难以捕捉到的细枝末节，譬如人际关系，譬如大佬一时的喜欢，等等。

这样的机会很可能是转瞬即逝的，其实买网站的那个大佬晚来个 5 年是完全有可能的，我当时的网站虽然做得不错，但是也有很多站长是比我做得好的，但是他们的网站只能赚一些小钱，而没有被大佬用百万收购。

我是幸运的，或许有人比我更幸运，也或许有人会告诉我，你那网站 140 万卖亏了。但我至今依然坚信，那时候的决策一定是正确的。如果我今天还有一个那么大流量的网站，我不一定会以 140 万的价格卖出去，但是当年那个情况是不一样的。每个阶段一定有每个阶段的成功。

这一百多万的资金就和我当初 5000 元卖掉美术高考网一样，它是支持我后来去做域名投资，流量，淘宝客，微信等等一系列事情的基础。没有这一百多万作为起始资金的话，后面的 3000 多万不知道要晚来多少年。

而且自这 140 万以后，我个人也可以算财务小小自由了。在大学期间就赚到百万，这是对所有人都有说服力的，无论是对家长、老师、同学、朋友以及自己，都是有说服力的。

无论别人认为金钱这个东西有多低俗，但赚到 100 万的说服力事实上远远超过我做的其他一切事情的说服力。这笔财富的获得也充分证明了，至少我选择做互联网到目前为止是一条正确的人生道路。

它的重要性和意义不言而喻，承前启后，也完全地让我有信心继续下去！

2.12　对钱的态度　必须如履薄冰

　　获得一百多万的财富以后，我该怎样使用这些钱，该做怎样的投资，这成为了我当时非常重要的课题，那时候我还不懂理财，也完全没有过驾驭一百万的经验和能力。

　　我深知我从一个普通学生到一个拥有百万可支配收入的人，这可不仅仅是一个财富的增长，而是一个社会阶层的小幅度跨越，这笔钱势必会对我产生非常重大的影响！

　　虽然一百万对于有的土豪来说无非是半辆车子的钱，不值一提，但对于许许多多的老百姓来说也是要积累很多年也不一定能拥有的。

　　我当时很清楚很冷静地告诉自己，一百万真要是折腾起来，也是不多的，可能很快就折腾光了！所以关于如何使用这笔钱的问题上，我必须要如履薄冰，要稳一点，切不可以"暴发户心态"去挥霍这些钱。

　　但从另外一个角度说，我也很清楚地知道，这一百多万又是我目前最好的工具，我也不能过于谨慎，譬如让钱全部躺在银行里，余额宝里，不去使用它创造更多的价值，那必然也是不行的，毕竟我绝不可能今后就指着这一百多万过日子。

我必须要使用好这个工具去努力地为我创造更多的财富，我未来的美好人生可能就要靠这一百万作为重要工具去改变了。

其实对于大多数想赚一百万的大学生或青年人来说，先不说他们能否在大学里赚到这么多钱，其实他们即便拥有了一百万也是很难驾驭这笔钱的。

这几年来有一些所谓的"90后创业者"、"95后创业者"，才20岁刚出头，自己还没有任何内功，就靠一些ppt，靠一些雷人的话，获得了大量的投资。其他啥都没有，没有扎实的互联网业务经验，也没有一分钱，突然间就要他驾驭这么多的钱。

我不太明白这些投资机构是怎么想的，但我认为这是风险很大的事情，因为一个没怎么见过钱的年轻人，突然有一笔大的财富可以支配，那是根本没有驾驭能力的。

所以那些拿到投资的年轻创业者们，35岁之前貌似都是连续失败者，要么和投资人不欢而散，要么最终在媒体面前颜面丧尽，好像真正能把事情做成的很少。

而且我经历过一些事情，我发现一些同龄人，他们对于金钱的认知其实是很肤浅的，

我碰到过这样一件事情，之前在公众号中也写过：

我因为一个项目要找一些大学生和我合作，我找了几个看上去很靠谱的大学生朋友，项目的收入形式是，项目营收将打到每个大学生的账户上，但是我们需要分成，也就是说他们拿到钱以后需要把一部分钱返还给我。

第一个月的合作果然没有任何问题，当月的佣金全部给了我，因为这个项目刚刚启动，佣金还不是很多，我也让他们每

个人都赚了钱，他们也都很开心。

第二个月，我们加大了流量投入，商品的成交量增大了三倍……同学们每天在群里都显得非常开心，看到自己账户里的钱越来越多。

其实这时候，我朋友是提醒过我的，我朋友说，这些账户里这么多钱，就怕这些大学生被利益冲昏了头脑，到时候拿着钱不给你。

我说，不用怕，不可能的。他们都是接受过高等教育的，怎么可能拿自己的名誉和前途开玩笑呢，都是理智的人！

但我很快就被打脸了。佣金结算的那一天，大多数同学都非常讲诚信，拿到了自己应得的钱，然后把我们的收入第一时间转了过来。但8个同学里，竟然有两个同学，怎么联系也联系不上了……

这两个同学，他们还负责收了他们介绍的同学的佣金，他们俩自己就是同学。一共有不少钱在他们手上，他们竟然消失了……

电话也打不通，qq也不回，微信后来干脆把我拉黑了。

但还好，他的身份以及学校我都是完全可以确认的。我真心没想到，他胆子竟然这么大，明明知道我能找到他们，竟然拿着钱不给，勇气可嘉啊，找到他们太容易了！

当时我就想报警，但想想报警估计也没啥用，我还得跟警察解释半天啥叫淘宝客，警察也不一定帮得了我们……之前我也没遇到过这种事。

那天恰好周五，我决定周一直接去他苏州的学校找他，让他们的老师同学都知晓这件事，并且见到他本人以后再视情况决定要不要报警。

这个数字应该是够判刑的了，而且我们在合作之前，都有签署过详细的合同。我完全胸有成竹，我们自身完全合理合法。

周一我们坐了下午的高铁，晚上才到。周二上午我们就去了他的学校联系班级。当时我最害怕他的班级是假的。

但我们到了他的班级，找到他们的辅导员，问有没有这个同学，还好，真有这个人！

想不通，一个接受过高等教育的大学生，竟然这么愚蠢，真是个笨贼。我们当时也没和辅导员说具体的事情，就说想找他。可是被告知他请假了，请假两天。

其实我还是有点心软，不太想把事情一下子捅得很大，一下子告诉他们老师和学校。一来对他的影响会很大，二来也会浪费我很多宝贵的时间。我问老师能否联系上他们，告知他们有人来学校找他们了，老师起先也联系不上他们，我想想那就让同事在这里等两天吧，就不信他再也不来上课了。

但当天中午，事情突然发生了转机。我和同事还在大学城的餐厅里吃饭。突然那俩哥们儿竟然打电话给我了，我当时情绪也很激动，拿着电话就把他们威胁了一通，告诉他肯定会坐牢的。

他们让我别激动，说特别想见我，要立即来找我。

我让他们立即滚到老娘舅餐厅来。十分钟后，他们出现。让我崩溃的是，他们一见到我，当着众人的面，扑通一声跪下来……把我在众人面前弄得很不好意思，

整个餐厅的人都在看我，我立马走出餐厅，不敢待在里面。

后来同事和他们也走出来。两个学生就求着我，让我不要找他们学校，说把钱全部退给我，饶了他们。

我就问他们：你们怎么敢干这种事？一般的骗子骗钱，身份也都会隐藏得很好，你们的身份都知根知底，怎么敢的？

他们两个男孩儿竟然还哭起来了，说：实在没见过这么多

钱，一开始想都没想过要这么做，是真的诚信合作，但是看到自己的账户里有这么多钱的时候，脑子发热，很多后果都没想过。

我说，我立即要报警，你们这种人以后肯定是社会败类，必须要有教训。他们又哭又跪。

他们说：拿了钱以后，也没敢花，也没来得及花。最后把钱也全部给我了。

我看他们这样子，也心软。内心决定要饶过他们，但表面上又把他们吓得一身冷汗。

这事情也够戏剧化的。事情过后，我就在回想这件事情。其实到现在为止，我都相信，这俩大学生，我从和他们交流对话，我都感觉他们本质上并不是坏人。

可能真的就如同他们所说，他们也从来没见过这么多钱。他们没见过这些钱之前，可能自己都不相信自己敢做出这么出格的事情。但是很多人都很难控制自己，见到钱人就疯了。

我想到我自己，如果这些钱放在我面前，我当然无动于衷。但是如果有 15 个亿的利益呢？我不知道，因为我没见过那么多钱，或许真有 15 个亿摆在我面前的时候，我也会疯。

但是对于创业者来说，对于要做一番事业的年轻人来说，见到不属于自己的利益的时候，再要疯，也不能疯！就和很多贪官一样，他们为了眼前的利益，断送了生命都是有可能的。

这俩大学生，还好遇到我，我这人就是心软，而且也是同龄人。我自己也是傻不拉叽地信任他们。要是遇到能较劲的，那他们真的可能会付出惨痛的代价。

这事其实也为我自己敲响了警钟，年轻的创业者在经济和利益方面也一定要警醒！其实创业者，大多数是天生喜欢钱的，大多数是贪婪的！他们本身就有这样的特质，而在创业的过程中，我们或许会接触到很多的利益，我们能够控制那些巨大利益但并不属于我们的利益。

尤其是年轻人，年纪又小，在经济方面犯错的几率其实挺大的。

比如投资人的钱，比如合作伙伴的钱。这些钱也许和我们都有关联，我们是掌控了他的一部分环节。但是我们一定要清醒，清醒，再清醒。对于钱的驾驭，一定要在自己的能力范围之内，千万不能犯原则性的错误。

在创业的过程中，我们创业可以犯方向性的错误，甚至创业失败也不算大错误。但是关键的原则性的错误一犯，可能就很难翻身了。

我其实见过几个年轻的创业者，他们现在活得挺惨，就是因为驾驭钱的能力不行，禁不住诱惑，没见到钱之前是个诚信的人，一下子见了那么多钱，人就疯了。

所以那时候我就说，对待金钱我一定要如履薄冰，不管是自己的钱，还是别人信任我而委托给我的钱，我一定要驾驭好！当然如"履"薄冰，也一定是要履的！在金钱上绝对不能犯错误，同时要守住自己的钱，让它越来越多！

2.13　第一桶金后
坚决不做的投资

接着上一篇说，我在获得百万财富以后，我得给自己定下规矩，哪些事情是要把这百万资金当成好的工具去拥抱风险，踏浪前行的，又有哪些事情，我是坚决不投钱的。

这些问题我在那个阶段里做了我认为非常正确的决定，现在回头看，当时的一百多万也确实被我处置得很好，我用这些钱创造了更多的价值，关键问题上脑子没有犯糊。

我明确告诫自己，哪些投资我不能做！

首先我绝对不拿这些钱去投入自己的互联网创业项目！

因为那时候我对互联网创业与资本关系的认知是这样的，其实现在看也没有错：

我认为在互联网创业或者开展生意，创始人的智慧和能力是第一要素。每一个创业者当然都会坚信自己是有能力有智慧的，要不然怎么敢去创业呢？

投资钱其实对于我们这类互联网创业者来说是次要的，我们做的事情，要么就无需投入一分钱，譬如我从 0 赚了 100 万我就没有投入什么资金，我只是投入了我的智力与精力。

并且我相信只要玩法摸清楚以后，从零投入到一个亿都不是没有可能的，像今天的我，我觉得离一个亿也不是特别遥远了，而我取得这些阶段性成绩的原因和项目本身投入多少资金没有多少关系，关键在于我们的业务能力和处理事情的能力。

当然注意了这里的 0 投入是指资金上的 0 投入，而在个人的精力智力上却需要大举的投入，需要不断地付出代价高昂的智力和精力成本，用智力精力去不断学习，不断摸索，不断试错，然后遇到正确的事情 all in 地执行，这个成本其实也是巨大的！

当然有的时候钱又是那么的重要，钱能给你的创业项目加速，建立壁垒，消灭竞争对手，有的项目是必须要靠钱才能推动的。

但是当一个创业项目需要依靠钱来建立优势的时候，其实根本就不是一两百万就可以搞定的事儿，而是用几千万甚至几亿几十亿的大资金去高举高打狠砸一个市场。那才是资金能给互联网项目带去的优势。

但我观察了当时的自己，我就只有一百多万，如果把这100 多万投入到互联网创业中，其实就如同杯水车薪一样，可能花出去一点声音都没听到就花光了。

所以这个阶段的我，虽然赚了一百多万，但是资金量完全成为不了创业的优势，所以在创业方面我必须还像以前一样，要用智力与执行力换取收益，而没法靠现有资金在创业项目上面生钱。

其实很多传统行业的老板经常被"互联网思维"坑。他们也知道互联网是未来的趋势，但等他们自己去做的时候，花出去的钱全部打了水漂。

为什么？因为他们投入的资金量可能有几十万，几百万。

这些投入的资金对他们来说可能已经很多了，但他们其实完全不知道，这些几十万、几百万在互联网商业上根本起不了什么作用。

要么就持续融资，投入更多的大资金去砸，要不然就得像我们一样，钱花不了多少，但靠过人的智力与执行力去取胜，对于这一点我真的看得很清楚了。

所以我给自己规划，我接下来如果还要创业，那只能拿很少量的钱去买一些服务器等基础设施，但绝不在市场上做一分钱的投入，还和原来一样边学习一边积累经验，靠智力与执行力去获得创业的收益。

除了互联网创业上我坚决不拿这一百多万投资以外，还有我不坚决不投资的东西就是那些几乎无风险且收益微乎其微的事情，那种我也坚决不投资！

这一点之前也说过，比如过于稳健的银行理财，存款，我也不应该把这一百多万全放进去。因为这笔钱对于我来说，是一个重要的工具，而绝非我的存量！我是要拿这些钱去换取更多资源的，我怎么能指着这些钱赚取利息呢？

一百万在有的市场上，就是一个微乎其微的劣势，是一个很小的数字，我不应该把这笔钱拿到劣势的地方去拼。

但一百万在有的地方，又是优势。一百多万虽然不多，但在我当时的年龄下肯定也是不少的，我要把这一百多万花在显得多的地方，这样就能发挥这笔钱的优势！

总的来说就是：钱永远要花在能体现优势的地方，而不花在劣势的地方。

2.14　资产倍增的投资：
买房

我这一百多万的资金如何投资理财，我觉得买一栋房子应该还是一个不错的选择，因为买房子可以贷款，可以使用杠杆，这样房价涨上去的时候，我可以通过少量的资金获得更大的回报。

而且在我的这笔钱里，是应该有一定的比例用在相对稳健的投资上面，前面我说过我坚决不会把当时的钱存银行或用去购买银行理财这样过于稳健的投资，但买一个房子对于我来说就是相对稳健的投资了！并且我也不完全是指望着买个房子等升值。

我觉得，我作为一个男孩子，也的确应该有一套房子，我这个人思想是比较超前的，但内心还是有保守和传统的一面的，我还是希望自己能有一定的根基，有稳健的一面，即便房价跌了，即便未来我一败涂地了，我至少还有一个房子，不至于流落街头。

我从小也不是在一个冷漠的家庭里长大，我觉得一个人所处的家庭的冷漠与否对这个人的成长与处理事情的思维和方法是有至关重要的影响的。

人活着也绝不只是一个赚钱机器，对于中国人来说，房子在某种程度上确实等同于家。无论诸多站着说话不腰疼的大 v 们怎么嘲讽负债买房的年轻人，但家的概念确实不是用钱可以衡量的。

我本人从小到大，我的家庭里，我的爷爷，父辈们，都从来没有让子女们在"住房"上面受过任何委屈。

我爷爷如今已八十多岁，育有四个子女，他在年轻的时候就颇具远见，家里条件一般，但为了盖房子而努力奋斗，以往每次家族聚会，父辈们聊天的话题常常是小时候为了盖房子付出的艰辛往事，到了父辈们结婚的时候，四个子女，每个都在城里的最中心地段有一个带院子的大房子，这些房子也让我的父辈能够更好地安居乐业，没有负担地培养子女。

爷爷虽然不是什么大人物，但却为整个家族打下了殷实的根基。

到了我的父辈也将这些良好的根基传承了下来，所以在我整个大家庭里，每个家庭每个成员其实都是越来越好。虽然我今天取得的阶段性成绩，都是靠自己，没有靠家人，但是没有爷爷和父辈打下的良好根基，我也不可能有这样安逸无牵无挂自己想做什么做什么的机会。

所以有一个属于自己的房子，对于我来说，是一个家庭的重要基础设施，它完全不是用钱可以衡量的，即便房子的价格涨得再高，我也迟早会购买。

当时苏州的房价已经挺高了，但还完全没到现在这个水平，我看中了一套刚需房，位置和配套还不错，单价每平方一万元，我看中一套一百平左右的户型，总价要一百万，首付百分之30，于是我和我父母商量，我在苏州购买了一个房产，我来付首付，我爸妈帮我每个月还贷款。

当时这个房子总价才 100 万出头，我当时付了近了 40 万，剩下的贷款，家人帮我还。我爸妈也非常乐于帮我还贷款，我家庭条件还可以，父母帮我买房子是没有任何问题的，本来他们也就打算帮我买房子。而现在我能自己付首付，已经给了他们莫大的惊喜了。

而后来的几年里，苏州的房价大涨，那个房子从当时的 100 万涨到现在接近 300 万的市值，那时我只投了 40 万，用了我当时四分之一的资金在房子上面，现在也算是赚了，成为了当时正确的一笔投资。

其实后来有钱以后，我又购置过好几次房产，并且都有升值。但经常有朋友问我，你看不看好中国的楼市？现在还能不能买房子了？ 实话实说，我看不懂，我不能给出任何的判断。

我虽然自己买房子，也获得过一些浮动收入，但是我真的看不懂中国的房价，所以我得明确说明，我不给大家是否买房子做出任何判断，我不应该像一些公知网红大 v 那样给别人任何误导。

我在买第一套房子的时候，也就有很多公知网红，就在大呼小叫地说不要买房子！房子要跌了，中国楼市泡沫要破灭了，年轻人买房子是最错误的选择等等。

也许楼市的泡沫下一秒真的会破，也许楼市还会持续上扬，这个我们普通人说不清，但我懂的是那些公知网红其实都是在扯淡。他们大言不惭地判断中国楼市，说楼市要涨要跌，而他们的粉丝很多信以为真，当时真的信了他们的话本来想买房，而现在没有买房的，看到现在的价格估计也只想哭晕在厕所了。

就是因为那些网红公知们不懂装懂，故弄玄虚，为了表现出自己独特但低劣的观点而坑害了别人，很多当时想买房的人听信了这些网红公知的扯淡后没买，结果过了一两年再买就多花了一倍的钱，负了更多的债，实话实说，那时候买了房子，到现在就是躺着赚钱了。

但他们却以一个网红的低劣格局影响了一些粉丝的一生，你想想一个房子多涨个 200 万，有多少年轻人要为这 200 万奋斗一生啊！

其实你建议一个人去买房或不买房，就等于在建议一个人去买某个股票，或不买某个股票。

你压根儿啥都不懂，没有任何的内幕消息，就只会动动嘴皮子，扯一些大道理，然后嘴上武断地说买或不买。这种人其实是最不成熟的，最可恶的。别人听他的扯淡，赚钱了对他也没好处，别人听他的亏钱了，他也完全没有能力为自己的扯淡负责任。

特别喜欢韩寒电影里的一句台词：*"大家都是小人物，何必把话说太大！"*

我只是告诉大家，我当时赚了第一个 100 万以后，第一个投资就是独立思考后决定拿钱付首付先买套房，并且我今天拥有 3000 多万的个人资产，其实有近三分之一都是在几个地方的房产投资给我带来的资产增值。

但对于别人来说，是否应该买房，我不能给出任何建议和判断，因为我这样一个小小的人物，完全没有能力预测充满变化的房地产市场。

但我希望所有的朋友做任何的投资，都能够独立思考，独立判断，尊重自己内心的选择，而不要轻信任何网红公知，我相信关于楼市涨跌这样的事情，最红的网红公知其实也不会比我掌握的消息更多。

2.15　第一桶金后资产倍增的投资：域名投资

对于我来说买房子算是一个稳健的投资，除此以外我也做了很多高风险高回报的投资，其中值得一说的一个叫：域名投资。

当然我谈及这些有关投资的话题之前，我先得郑重地告诉读者朋友，我所说的当时的投资都不一定适合今天再去做，这些投资标的到今天为止，有的已经具有了非常大的风险性甚至是很不靠谱了！

我们做任何投资都应该自己独立思考，切不可听信任何人而做出草率的判断，从而造成损失。

所谓域名投资，简单的理解就是，互联网上每个网站都需要域名，而域名本身具有稀缺性。好记的域名具有较大的升值潜力，比如京东数千万收购的 jd.com，腾讯的 qq.com，淘宝的 taobao.com58 同城的 58.com 都是价值很大的域名。

这些易记的域名会给网站带来更好的用户体验，也降低了用户打开网站的成本。

我当时挺看好这一块市场，因为我认为域名对于互联网公司来说是非常重要的流量入口，而这一块市场还非常不成熟，十多年来一直在缓慢地增长，从来没有下跌过。优质的双拼com域名，短数字域名的潜力还是有的。

而且像域名这样的东西很容易产生泡沫甚至很大的泡沫，但我当时觉得那时候域名市场的泡沫还不够大。

我当时预算了20多万去购买域名。但我研究了这个市场以后，我发现域名投资市场里的投资大致分成两种，一种是流通性较弱，但一旦有终端收购就会价值暴增的拼音域名，譬如天猫tianmao.com这个域名，如果阿里巴巴没有做天猫，那这个域名的价值就不会特别大，流通性也不会特别高，但是阿里推出天猫商城以后，这个拼音域名的价格肯定是暴增的。

另一种形式的域名是流通性很强的域名，比如一些纯数字的域名或者短域名，比如4位数字的com域名，全球就1万个，那这个价格肯定是会持续走高的，那3位数字、两位数字的域名会更贵。而4位声母的com域名也被广泛应用，并且域名形式也很标准，理论上说任何网站都可以用纯数字的域名来建站，局限性小，流通性大。

而具有流通性就意味着未来是有产生泡沫的可能性的，域名最终不一定要被启用，我们投资者之间相互炒作，都能把价格提升上去。有的时候我们是应该拥抱泡沫的，投资一些有产生泡沫能力的标的可能是个机会。

其实在后来的时间里我也越来越发现，这个世界上很多商业与投资方面事实上并不是完全看他内在的价值，而是能否在泡沫中取得胜利，这是一个很多人都不愿意承认的事实。

我当时就看中了4声母域名这个品类，当时这种4声母的域名仅仅两三百元一个，我花20万可以买上千个。

我当时就觉得像这样流通性强的域名标的，未来是有机会产生极大泡沫的，现在价格并不贵。我就果断出击，花 20 万全买了四声母 com 域名。

后来的一两年里，域名市场越来越火，虽然移动互联网时代域名并不那么重要。但似乎大家都缺少投资渠道，很多的投机资金都陆续进入了这个市场，到 2015 年的时候，整个域名市场果然像疯狂了一样，泡沫堆得特别大，我收购的四声母域名价格也开始持续走高，持续翻倍。

我很清楚这个市场里是有巨大的泡沫的，而且也随时可能产生系统性风险，所以我在四声母 2000 多元的时候开始出货，到最后这轮投资翻了近 10 倍。但后来市场的疯狂程度远远超过了我的想象，这些四声母域名的价格最高的时候竟然涨到了每个近 2 万。我还是退出早了，如果坚持到最后，就是 100 倍的回报。但毕竟没人能够预测。

当然可想而知的是，泡沫破了，该品类的域名从 2 万腰斩至数千元，但还是比我出货时的价格高。其实大多数人还是在这个市场里都牺牲赔钱了，我能收获 10 倍已经算是明智之举了。

| 首页 | 业界 | 建站 | 创业 | 电商 | 运营 | 好站 | 移动 |

90后创业者刘欣投资域名营收比创业多几倍

2016-02-01 10:07   来源：互联网   编辑：nakake【纠错】人评论   A- A+

90后知名创业者刘欣，满欣科技的ceo，其公司运营有数百万的微信大号与网站群，朋友圈里很多极其热门大流量的h5应用均出自于他的团队。站长出身的他做事的风格非常狠。他的公司也获得了投资。

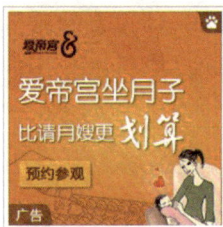

现在的创业圈子非常浮躁，刘欣的公司位于中关村，创业的中心，他和其他浮躁的浮躁的创业者不同，90后的他，公司已经是盈利的状态，他本人也在很小的年纪获得了财务自由。

站长出身的他，早就接触过域名投资，曾经收购经手过一些不错的域名，但是没有投入大量资金来做。今年在朋友的推荐下，他参与了6数字com的域名注册，投入近500万资金参与了5数字与6数字域名的投资。域名圈的朋友都知道6数字域名短短几个月上涨数十倍，刘欣也因此收益颇丰。

刘欣本人表示，域名投资这个……说他们这些离谱的创业者营收客量太多，有很多创业者，创业公……

后来网上出来了很多说我投资域名赚钱的采访报道等，搞得像暴富神话一样。但其实我从域名投资这件事情上，自己对于投资的理解一下子也加深了很多。

如果现在有人问我，域名投资还能不能做，我不能给出任何建议。但是我个人认为目前这个市场里的泡沫太大了，泡沫是否还会持续吹大，我不得而知。

但无论是买房子，买域名，包括我还投资比特币，这些其实都是一个拥抱泡沫的过程。真正要赚钱的事情，要想使资产快速扩张，一定是需要拥抱泡沫的，但在拥抱泡沫的过程中，需要有掌控风险的能力，我做域名投资，说实话，我就抱着全部亏光的可能性的，因为我当时想过，如果投入 20 万进去，全部亏光了，也不会影响我的生活。

　　我绝对不可能把自己所有的资产甚至举债去做这样高风险的投资，风险一定在自己的可承受范围之内。

　　而当自己在这个市场里战胜风险，在这个泡沫里退出获得丰厚回报的时候，我就有非常强烈的快感，男子汉就应该能够驾驭风险，在风浪里前行。虽然这只是一个很小的资本市场，但却让我明白了很多道理，未来我一定还是会在更大的海洋里做同样的事情，我喜欢那种感觉。

　　而我之所以能在这个市场里玩耍并获利，归根结底还是要感谢那一百多万的原始积累。

2.16　第一桶金后资产倍增的投资：投资自己

　　去年我开始写这本书的时候定的这一节的标题就叫"投资自己"，但今年要出纸质版的时候，关于"投资自己"这个词语和概念都已经被很多人给用滥了，各路网红、大v都在教育年轻人，要学会投资自己！学会投资自己，很鸡汤的感觉。

　　弄得我都不好意思再说这四个字了，但我仔细想了想还是认为投资自己本身是正确的，而且确确实实非常重要，并且我自己就是这样做的，所以我还是要写出来。

　　我刚刚拥有一百多万的时候，除了在各种资本市场里做一些小投资以外，我做得最正确的投入，我认为就是我没有吝啬于对自己成长的投入。

　　其实在第一桶金以后，当我看到其他的同学还需要自己的父母供养，每个月还在催促着父母赶紧打来生活费的时候，我内心是有些小小的骄傲和膨胀的！但这其实也很正常，我自己确实有出色的一面，我刚上大学就通过自己的勤奋与智慧获得了其他同学可能要花十几年才能积累下的积蓄，这样的骄傲自满在所难免，并且也没什么关系。

我当时就在想，我年纪还这么小，现有的一切都是我自己创造的，我自己才是最宝贵的核心资产，我自己才是未来我公司里最宝贵的生产资料。

其实的确是这样，一个公司里，企业家本人确实就是最重要的资产，企业家不仅仅是一个人，企业家是可以当成公司的生产资料的！所以我一定要提升好我自己，在我自己身上的投入才是能够发挥最大价值的投入。

我对自己的投入主要在两个方面，一个是认知方面的投入。一个是健康的提升。

我开始更有意识地提升自己的视野，学习更多的知识，做更多的阅读，并且在设备硬件环境上加大对自己的投入，那时候我参加过各种各样的学习，买过很多的书籍阅读，给自己在学习提升的过程中也创造了最好的条件。

我还给自己买了辆汽车，当然不是什么豪车，我第一辆车只有 10 万出头，但那时候也觉得挺贵了，我去买车的时候还背着个书包，看上去就是学生模样，卖车的销售都对我爱理不理，没觉得我是个客户。

我直接和他说，我就要这一辆了，最快什么时候能拿到车子？销售说你现在买，明天晚上就能拿到，有现车，但得从上海开过来。

我说，来来来，给我刷卡。我很爽快地就买了。

第二天晚上我就开着车去学校了。我那时候为什么买车呢？我给自己的理由就是，买一辆车，我在长三角地区的活动半径会大很多。长三角地区大城市多，上海，苏州，无锡，南京，杭州全在这一带，我应该到处走走，去各种各样的地方提升自己的视野。

我那时候也没觉得 10 万的车子有多差，但我回家以后被我爸说了一通，说我不应该买车，就算买也应该买个好的啊！但我当时就觉得能有一辆车已经很不错了，因为我的大学里，好像没见过有学生开车上学的，而我每天一下课就开着车走了。很多同学都觉得我很牛叉，哈哈。

其实当时买车确实有一点点浮夸的心态，也许你会觉得就买了个十多万的破车有什么大不了的，但对于大学时的我来说，这确实是一个对自己的重要投入，男人对于汽车和速度有点类似女人对于包包的感觉。也许正在读这篇文章的你开着百万豪车，但你是靠自己的努力获得的还是靠寄身在父母那里所得的？这很重要。

而现在回头看，当时买车确实是一个正确的选择，买车后我的活动半径确实大了很多，也提升了我的办事效率，我出去活动、上课、谈事都方便了很多。其实如果没有车子，有很多地方就懒得去，懒得做了，因为有段时间我给自己的日程安排得特别满，各种活动、学习班等等都需要去参加。

而且我也开始注重结交优质的朋友，有一些朋友还会给我介绍其他优秀的朋友，甚至有互联网领域的成功企业家或大佬。那时候我常常开着车在江浙沪一带出差，也有了好几次和大佬前辈交流的机会。

其实在我的成长过程中，也是有好几个优秀企业家和大佬给了我重要的帮助和支持，他们像我的贵人一样，有的我不太方便说，但我能说的是一些大佬可能于他来说只是大手一挥的一个轻松的帮助，对你来说却能让你少走十年的弯路！

而且说到贵人，这个话题就又能扯远了。而且肯定有很多人会问，我的生活中完全接触不到大佬和贵人，怎么办？

我认为其实不是你接触不到贵人，而是有几点原因：

1. 或许你根本就不是一个懂得感恩的人

懂得感恩的人，帮过他的人他总会记住。在重要的事情上给予过他帮助的，他也会承认别人是他的贵人！

但是你若总说自己没有贵人，有可能是你根本没有感恩的意识，别人或许早就在你重要的节点上帮过你，但你已经忘记了，或者因为你自身的不争气，别人对你的帮助，没给你起到多少作用。但这不代表你碰不到贵人。

就像在我的生命中，我认为的贵人，我认为他们在很重要的节点上给过我帮助，但如果是一个不懂感恩的人，他或许就会想：那些帮过我的人，之所以愿意帮我，还是为了从我身上获得利益，还不是有利可图？

也许别人帮你确实是有自己的目的，但这很正常，这完全不影响他们成为我生命中重要的贵人，我很感恩他们。所以有感恩之心你才会认为你有贵人相助，没有感恩之心，别人为你卖命，你也不觉得是在帮你。

2. 你或许没有尽力去寻找贵人

有的人，或许是真的暂时还没有碰到过生命中的贵人，但我认为每个人都有机会碰到你的贵人，你的校友，老乡，老师，领导，行业里的领军等等，你总会有路径接触到一些最优秀的人。

碰到可能是贵人的时候，你就应该积极争取，而不是等贵人来找你。

我认为如果在我们自己足够优秀并且为人真诚的情况下，我们要把握机会，寻找机会，有一线机会的时候都咬住不放，那我们一定都会碰到我们生命中的贵人。

这一节的标题叫"投资自己"，我说到"贵人"上来，其实没有跑题，因为对自己有效投入以后，会大大增加碰到贵人的几率。

当然我除了在对自己认知和视野升级上做了投入以外，对于自己身体健康的投入也是有意识的。

但这一块一直没有很好地去做。给自己定下了很多运动的计划，健身的计划，饮食，办了很多卡，但都没有坚持下去，这一点一直到今天都还没有做好。

但今天其实也越来越意识到了健康的重要性，接下来自身的健康将是我最重要的投入，并且这个投入应该胜过一切。

2.17 大学期间我抓住的
最大机会（上）

我的网站被大佬用 100 多万收购以后，我肯定得策划点新的事情来做。

我观察到当时大部分有流量的站长中，一般会有两种主流的赚钱的模式：

一种是在网站里接入如"百度联盟"、"google 联盟"的广告，然后用户点击了网站上的广告，站长就可以获得收入。

另一种中国站长做的比较多的则是淘宝联盟，俗称"淘宝客"。

所谓淘宝客，简单的理解就是，你可以通过淘宝联盟这个平台帮淘宝里海量的商品进行分销，如果有用户通过你的专属购买链接在淘宝上买了某款商品，你就可以获得佣金。当时的蘑菇街、美丽说、返利网之类的，本质上都是用淘宝客的模式在变现。

我起先并不很看好淘宝客这个模式。因为我看到很多网站甚至一些个人的 qq 空间都在发淘宝的链接，这些淘宝链接其实都是淘宝客，这种方式让我感觉很 low，我换位思考后认为我自己是绝不会通过这些渠道到淘宝上购物的，我要网购可以直接去淘宝上购买，为啥要通过这些链接买呢？

我因此断定淘宝客这样的变现模式，肯定没什么转化率的。但我又很疑惑，这个东西要是真不赚钱，为什么还有这么多人做呢？

其实那时候我犯了一个很多人在互联网创业中犯的错误，即：以自己的想法来单方面判断用户行为。

很多创业者们遇到事情都喜欢想当然，以为自己不会去做的事情，用户也不会去做。以为自己喜欢的东西就是用户喜欢的，以为自己不喜欢的也是用户不喜欢的。

其实后来我发现，我们自己的行为往往根本就不代表其他人，互联网创业者多数时候千万不要"换位思考"，而要以真实的数据为准。

我看到很多不接地气的"阳春白雪"创业者，他们往往都是精雕细琢做一些自认为很不错的东西。但其实把他们的东西放到互联网上，大多数用户根本不能接受。他们口口声声喊着用户体验，但却不愿真正站在用户的角度看问题。

就像现在微信里有很多所谓的"微商"。有的人肯定会对微商非常不屑，包括我也很不喜欢他们。但有的人不屑他们的理由可能是：我从来不在微信朋友圈里买东西，这样的生意肯定做不成。

但事实上他们根本就没有深入研究过别人的商业模式，仅仅是凭自己的感觉下结论。

再举一个不算恰当的比方，我们每个人都收到过诈骗短信或电话，而当我们收到诈骗短信的时候，我们会想，这骗术也太低劣了，怎么可能有人上当呢？

但你别说每天还真有不少人上当，要不然可恶的骗子们为什么还要冒着法律的风险屡禁不止地去做这些违法犯罪行为呢？

骗子们如果群发 1 千条短信里有 1 个人上当，那 1 万个人里就势必有 10 个人上当，100 万人里就有 1000 个人上当。转化的概率相对来说是稳定的，这样一个看似不靠谱的诈骗生意，实则居然变成了一个稳定赚钱的事情。

其实有时互联网的商业模式真可以类比成这样。它是一个跟模型、概率、转化率息息相关的生意。

因为当时看到越来越多的站长在聊淘宝客，我想这东西一定是有他的道理的，要不然不会有这么多人去做。于是我也决定要研究研究。

但当我开始深入研究淘宝客的时候，我才恍然大悟，只怪自己接触得太晚，我发现淘宝客里是有很多的商机是值得好好挖掘的，而我却一直因为自己的主观判断而到今天才来接触，稍微晚了一点。

其实很多事情都是这样，我们身边总有很多人都在谈论的事，当我们知道一个大概以后，我们或许懒得去深入研究，就凭着感觉而对其抱有鄙视感，或者不屑。

但其实我们要是能放下鄙视的心态，拿出敬畏之心，进去仔细了解了解，研究研究，你会发现之所以这么多人去做这件事情，不是没有道理的！

我经过对淘宝客的仔细研究，我发现这确实是当时非常好的一个互联网变现通道，我必须要抓住这个机会！

我也认识了很多做这一块的高手，有的有流量渠道的高手每年在淘宝客上的收入真有数千万级别的，很惊人。

但大多数站长做淘宝客其实都是用的比较普通的模式，例如做一个网站，然后通过搜索引擎吸引一些流量来转化，要么就是铺天盖地地到处发淘客链接，我觉得这种方式确实应该是赚不了多少钱的，因为大家都在这么做。

常规的淘宝客方法我很快都尝试过了一遍，我发现这些常规的方法也是能盈利的，但是盈利速度太慢了，换作两年前我或许愿意去做，但现在并不太想去做这样的生意，因为这更像一个互联网上的体力活。

但高手们似乎都不是在做体力活，我仔细观察高手的玩儿法，我发现高手们的模式我压根儿就看不懂，感觉里面一定深藏着很多普通站长想不到的秘密。

渐渐地我发现我此前的思维都只是一个普通人的思维，其实不仅是淘宝客，包括后来的微信公众号等等，这些东西要想赚点小钱很容易，但要赚大钱，都不能按照普通人的思维去做：普通人的思维永远都是在用加法赚钱，而大神则是用乘法赚钱。

所有普通人面对淘宝客这个东西，他们都认为，这就是阿里巴巴旗下的一个分销联盟，阿里给你一个商品链接，然后你去用流量推广这个链接，成交后拿分成，就这么简单，其实你可以把他理解成那么简单。

但是他这样的机制下，又有很多的策略值得深度思考。我可以简单的提一下，但是不深入说了：

我观察到高手们，他们为什么通过淘宝客能赚那么多钱，是因为他们看穿了这个机制的核心，因为淘宝客不需要电商的供应链就可以通过销售电商的产品赚钱，门槛很低，而且阿里是大公司，它的信誉相对来说是有保障的，这是一个基础，所以大家愿意跟他玩儿。

所以淘宝客其实就是一个流量变现通道。大神与屌丝们看似在做同样的事情，但其实他们只是走了同样的变现通道，而在行走速度和行走方式上却完全不在一个维度上。

　　大神们只需要控制互联网的一部分流量，而互联网的流量分发权归谁控制？按照我当时的浅显认知，我认为最大的分发平台是当时的百度。

　　但后来发现完全不只有百度控制流量，而电信运营商、公安部门、wifi、浏览器、搜索引擎等等，每个环节都是流量要经过的地方。

　　当所有的草根都在盯着百度搜索这个环节来获得流量的时候（有点类似今天人人都盯着微信公众号指望获得流量），高手们早就在其他的流量分发环节上下工夫了，他们能通过商务能力与技术思维让某个流量分发渠道上原本就有淘宝购物需求的流量走他的链接购物，这对客户没有任何影响，甚至还可以得到返利。

　　这个我就不多说了，本质上其实就是普通站长和高手他们看似变现的方式都是通过淘宝客，但是他们的赚钱模型却完全不在一个维度上面。

　　可以再打个通俗的比方。一般保险公司都会发展业务员帮他们卖保险从而获得收益分成。普通的保险业务员肯定是干体力活，到处跑着找客户，他们赚些小钱或许可以，赚大钱就难了。

　　但是如果一个保险业务员有办法在一个大集体或大渠道中找到原本就有购买保险需求的客户群体，然后想办法让这一大批人通过自己的工号来购买保险，那获得佣金的效率与规模就不一样了。

　　这就是普通人和大神的思维差异和能力差异，无论是做淘宝客还是做保险，高手和普通人的变现通道都一样，但不一样的是他们的商业模型。

　　普通人总在用加法做苦力，辛苦寻找单一的客户，其实这种方式是很慢的，即便你再努力，瓶颈很快就会达到，因为你精力有限，分身乏术。

而高手总是能思维开阔地找到那个用户池，然后将池子里的订单全部引向自己的通道，整个盈利效率是不可同日而语的。

想通这个道理后，我决定我也要用这样的思维去做事情，切不可再做苦力用加法赚钱。

淘宝客是一个很好的变现通道，我必须抓住这么好的变现通道为我带来收入，但我只认为淘宝客是一个变现通道而非商业模型，我要通过淘宝客这条变现通道赚钱的话，还必须要有一个能产生大流量的商业模型。

当然有一点很重要，所有的高手并非天生是高手，并且许多高手也是从做苦力的草根一步步走过来的。

如果自己暂时还不具备像高手那样用乘法赚钱的能力，那不妨先脚踏实地先把加法赚钱的事情认真做好，注意总结归纳出规律。

2.18 大学期间我抓住的最大机会（下）

上一节说到我认定淘宝客是目前非常适合我的一个变现通道。但是光有变现通道还不够，我还得做一个最适合这套变现通道的商业模型。

当时包括我在内的所有站长们，思维里都认为我们在互联网上创业，肯定得做一个网站出来，并且自己的网站才是流量的中心。我们心里都会觉得，如果在互联网上创业连个网站也没有，那哪儿能算是做互联网呢？就像后来在移动互联网时代，很多的创业者总觉得非要开发个 app 才叫移动互联网创业者一样。

但其实这种思维有时是错的。我渐渐意识到，其实一个自己的独立平台譬如网站或 app，这些获得用户，获得流量的成本相比于寄居在其他大平台上获得流量的成本要大很多。比如我如果在新浪上开一个博客或微博，我微博里获得粉丝的成本会比网站获得访问量要容易很多。

于是我开始有了一个大胆的思考。我想接下来做流量，做淘宝客，是不是可以不用自己独立的网站或者不以独立的网站为主，而是寄居在当时的一些大流量的社交平台上，比如人人网、开心网等这样的平台上，利用大平台更低廉地获取用户流量呢？

而在那时候恰好整个互联网领域都掀起了一股"开放平台"的热潮。人人网，腾讯，新浪等等纷纷宣布要做开放平台，当时的开放力度挺大，每个人都有机会在这些大平台里拿到一些接口，然后去开发一些基于这些大平台的应用。

而我刚听到这个消息以后，我去每个开放平台的网站上看了一遍。看完我就知道，我的大机会真的来了，我要利用这些开放平台来做商业模型，然后与阿里巴巴淘宝客的变现通道结合起来。

我在 2013 年的暑假里开始组织人马做淘宝客项目，并且直接放弃掉做网站，而是全力投入在腾讯开放平台、人人网和开心网等几个平台。在人人网和开心网我们都获得了很多的粉丝。我们只抓最核心的事情，在获取流量上投入百分之九十的精力，其他方面都不浪费太多时间。

我对技术大牛也从不吝啬，比如有一个想法，要做一个开放平台上的程序，立马就愿意花钱请人做。我看到有一些有创业想法的人，他们心态很不好，心里有一个想法，然后到处找人和他合作，最好免费帮他做，舍不得花钱。为了省一些小钱，而没有效率，没有魄力，这样的人很难做起来。我不喜欢这样。

我在人人网和开心网的策略主要就是通过这些平台做很多的大号出来，人人公共主页、人人个人账号我都做，积累了不少流量。而对于腾讯开放平台，我们就是在里面做 qq 空间大号，做 qq 空间应用，也获得了很多的用户。

　　这一块当时进去做的人，只要花点心思，其实都能获得不少流量，那才是真正的流量红利期，是真正时代的机会，相比于后来微信公众号的流量红利期更容易。但遗憾的是，那时候大多数人还看不上这些寄居在其他平台上的生意，总想着自己做网站，自己做 app，看不上寄居在大平台上的机会。

　　而我们却把这些平台的流量直接想办法导入到淘宝，获得淘宝佣金。那时候淘宝客的生意我真是做得风生水起，每天都赚很多钱，真的可以用"闷声发大财"这个词语去形容，是那几年里人生最得意最丰收的时候。

　　其实那一波机会里，也有一些人和我们一样闷声发了不少大财，后来从中走出了好几个亿万富翁与独角兽的互联网公司，譬如我后来加入的楚楚街公司，他们其实也是通过人人网、腾讯开放平台＋淘宝客的战略起步，做到今天通过不断转型迭代市值已超过了 10 亿美金。我相比于他们来说就差多了，我只是赚了不少钱，但没有因此做出一个大公司来，不过这其实并不代表我格局不如他们，主要那些人他们当时年龄就比我大不少，在他们那个年龄段抓住那样的机会一定会比我做得更出色。我那时候还在上学，还没走向社会，很多事情也不太懂。

　　其实那时候团队也有好几个人了，但我们竟然连一个像样的办公室都没来得及租。这也是互联网行业一个很神奇的地方，如果一个传统的生意或商业模式能做出像我们这样的盈利规模，或许需要很多人力，甚至需要大面积的厂房，而我们竟然就每天坐在图书馆里、宿舍里就能创造这一切。

　　而今天的互联网创业者相比那时候就好很多了，今天的创业者们，有的啥都没做出来，都有高大上的办公室或者众创空间等等。我那时多数时候还是在宿舍或者图书馆里办公。

后来我们学校得知我创业，给予了我很大的帮助。我的大学还是很有开放心态的，那时候的我因为创业比较忙，经常不去上课，班主任辅导员经常批评我，但某种程度上又给予理解，还帮我联系了学校负责学生创业工作的老师，学校免费给了我一个校园内部的工作室。

当时非常开心！下图就是学校给我免费使用的工作场地。

不过这地方需要装修，装修都是当时团队的小伙伴自己做的。我们只花了 2000 元的成本，还花了 1000 元在二手家具市场买了桌子椅子，很低的成本就把这里快速装修好了。

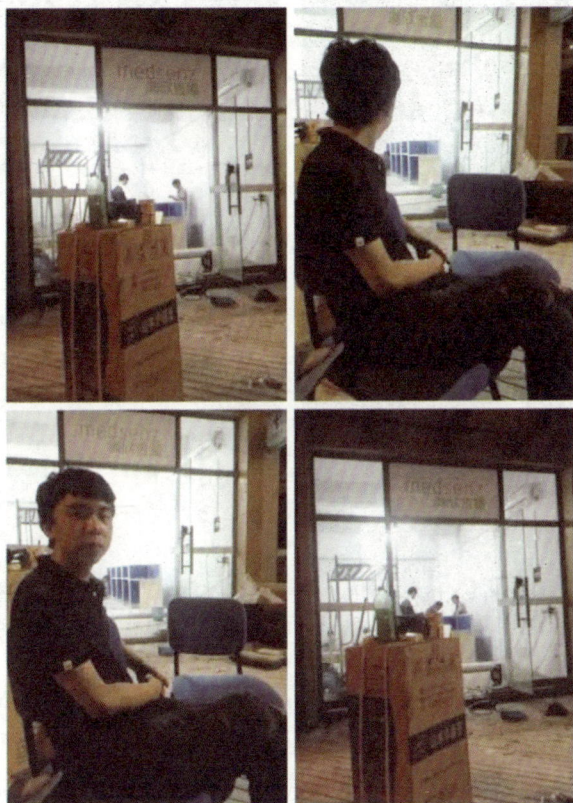

　　工作室装修好以后，我们团队小伙伴几乎日夜都在这个小空间里工作。看上去还比较亮堂，但廉价的装修其实待得并不舒服。不过不要小看这个逼疾小工作室，那时候这个小空间里却管理着大量的互联网流量。当时其实没有人知道，这个不起眼的小工作室里一个月能产出多少收益。

　　现在很多百人的互联网公司估计都没有我那时候这个小工作室的流水多。

虽然那时候的小伙伴，有几个因为种种原因，今天已经不在我们团队了。但还是很想念他们，他们在我们最艰辛起步的时刻不计回报地付出，时常想起来还会掉眼泪。我们那时候就经常像这样工作到很晚才回去，有的时候就直接打地铺睡在工作室里。

这就是我做淘宝客的时候，通过这块业务我们获得了不少收入。

但是依附于大平台这样的商业模式，其实永远都有利有弊，有利的时候，你能以更低的成本获得更多的流量，或更简单的业务流程。但是弊端就在于，如果哪一天大平台不想和你玩儿了，或者你自己违规了，大平台分分钟可以掐死你，你的命运等于掌握在他们的手里。

　　可能是因为阿里自身的战略调整，并且阿里也发现很多原本就属于淘宝的用户被我们这样的淘宝客瓜分得越来越多。渐渐地，阿里开始对淘宝客的政策不是特别友好，他们开始收紧这一块，好几个大的淘宝客都因为种种原因被阿里封号，蘑菇街美丽说他们也逃不过这种命运，也是从那个时候开始，蘑菇街、美丽说这些大的淘宝客公司都开始转型做自有电商平台。

　　起先还没有波及我们，但是有一天，突然我们的淘宝客账户也被冻结了一些。后来我们逐步增加了一些新的账号，但是很快被封的账户越来越多，终于在有一个月要结算的前两天，我们所有的淘宝客账户都被冻结了。

　　对此我们其实也有充分的心理准备了。虽然这块业务最后因为阿里的不支持而宣告结束，但是在这个过程里我们却又进一步扩充了我们在资金上的原始积累，这个项目是我在大学期间抓住的最大的机会。

　　在这个机会里我们获得了很多实实在在的营收，其实说是一个大机会，也不过是大多数人不屑的机会。当时大多数的站长根本不屑于去做这一块，他们大多数人还停留在我做"美术高考"网时候的思维，还在通过 seo 很苦逼地做流量，赚不了几个钱，也舍不得把网站卖掉，总觉得自己那个破网站以后能成为上市公司……

所以说我们做任何事情千万不要犯倔，也不要太把自己当回事。太犯倔，太把自己当回事的人很容易不进则退，别人一步一步越走越快，而他却还固守着他那块一成不变的落后思维，不知道也不愿意变通，那当然很难前进。

2.19　讨厌的
黑客

现在去翻我的知乎，你会看到在 2012 年的时候，我曾经在知乎上问过这样一个问题。

好多人看到这个问题都觉得我那时候就好厉害啊，那时候网站就有这么多流量。其实没人知道，那时候我已经是被技术问题折腾得焦头烂额，没办法了。

我的网站经常被黑客攻击，黑客一攻击，我的网站就无法打开，这个对网站的影响很大，因为你网站经常出问题，会影响你在搜索引擎里的排名和用户体验，我也不知道是得罪谁了，经常有人攻击我。

这种攻击被称作 ddos 攻击，但这还不是最可怕的，最让我郁闷的是我的服务器后台面板也经常会被黑客攻击入侵。

因为当时很多技术和运维方面的工作也都是我自己在做，但我其实又不是搞技术出身的，我比较擅长使用一些代替技术的工具，比如一般要管好网站的服务器，你得比较熟练地使用 linux 系统的命令，但那对我来说比较麻烦，不过有一些工具比较好用，比如有一个叫 wdcp 的服务器管理程序。

我当时的服务器都是用的这款开源程序，这款程序让我可以很快捷地管理我的服务器，但是这款程序当时的版本中有一些漏洞，黑客抓住这些漏洞以后就可以入侵到我的服务器后台。

当时有黑客好像就在玩弄我一样，也不知道是一个黑客，还是一群黑客，总之很黑。

他通过我的程序漏洞能够登录到后台，然后直接把我网站的整个目录和数据库都删掉。

有几次我没有备份，就直接哭晕在厕所了。然后有几次网站数据库我是有备份的，还可以恢复，但恢复后，黑客立马再登录我的后台删除。

我的服务器就像他家后院一样，想来就来，想走就走。依照我的技术水平，我拿他实在是完全没办法。

最后把我逼到什么程度了，这件事情，我至今都有截图纪念。

黑客大哥，手下留情，本人是一名残疾人，互联网创业不容易，求你放过小弟，不要再入侵我的网站了。

我实在是拿黑客没办法了，技术上斗不过他们，我只能从情感上感化他们了，我创造性地在我的网站后台 logo 的位置放了如上图所示的截图，哈哈。

我在图片上写道"黑客大哥，手下留情，本人是一名残疾人，互联网创业不容易，求你放过小弟，不要再入侵我的网站了。"

你可能会觉得我很搞笑，像段子一样，但真的是我做得超囧的真人真事。我真的是被折腾得没办法了。当然后来彻底解决这个问题是程序官方出了新版本，修复了漏洞，我才暂时平稳下来。

虽然有过这个漏洞，但我也要借这个机会感谢一下 wdcp 这款工具的作者，我没见过这个工具的作者，但据说这整个程序都是他一个人写的，免费开源放在网上，还不断在更新迭代，帮助过很多中国站长！我也是受益于很多这样免费有效的工具才在最初的时候低成本地走到今天。

当然在技术层面上，还有的时候，不是黑客攻击你的网站，而是你的网站自身架构不达标，性能差。比如有时网站流量特别大的时候，并发数特别大，服务器负载不了，这时候网站也会挂掉，这也是经常有的事情。

当然技术层面的黑客我不认为是最黑的，我觉得最黑、品质最低劣的黑客是用文字黑人的黑客，他们不会计算机编程，但是他们躲在阴暗的角落里，用文字对个人进行抹黑，造谣，这种人我认为才是最黑的黑客，这个我在本书后面也会用一节作为重点来讲！

我就经常在这些事情上面伤脑筋。

我这本电子书放在网上，因为网上是精简的版本，有一些读者看了以后表示"刘欣，你已经算非常幸运的了，你的整个创业过程中，没有遭遇过什么大风大浪，总体还是很平稳的。"

其实我在创业的时候，根本就属于一无所有的状态，那时候能有什么大风大浪啊？大风大浪也刮不到我什么，我压根儿就是一个光脚走路的。

但我绝不是没有任何的挫折和挑战…… 挫折挑战简直就太多了，真的是每走一步，都会有挫折，每走一步都会有挑战，都会碰到各种各样奇葩的事情，每件小事情都会引起系统性的风险，有的时候也经常处于焦虑状态！

但真要让我说，我都懒得说这些了，并且大多数我也都已经忘记它们了，无需多说，每一个乘风破浪的人生都是一样的，但你说我们真的有多厉害，有多勇猛地乘风破浪，击败每一个挑战，那是成功学和毒鸡汤！我哪儿有什么击败风浪的能力啊！

我们根本也不可能真正击败每一次挑战和挫折，有的时候我们能做的就是躲一躲，挑战在这里，我知道我击败不了你，我就绕道而行。

有的时候就拖一拖，拖着拖着也就绕开了。还有的时候就真被击中了，很狼狈，但能说什么，只能忍着呗。

当然也有的时候，是我们战胜了困难。

但总之我们就是在夹缝中求生存，能走多远就努力往前走多远呗！

2.20　我眼中的三种互联网红利与风口

我自认为自己是一个实干家，而非一个善于归纳的理论家抑或是"评论家"，更不是什么"互联网观察家"，我不太擅长那种看似逻辑缜密的总结归纳。

我就从我的角度说一下，在我的经验与实践中看到的互联网所可能给我们带来的三种不同形式的红利和机会，或者说是风口。

前提依然是，我说的话不一定对！我的任何言论都不是教科书，我随时会随着自己的成长和认知上升而有可能改变自己的言论。

1. 渠道型风口

我认为对于普通人来说，最应该关注与捕捉的就是互联网给我们带来的新的渠道和机会。

而且对于中国互联网来说，每隔几年就会有新的渠道红利。哪些机会算是渠道红利呢？我认为比如早年的百度，那时候百度的用户量就很大，并且肉多狼少，优秀的网站很少，如果你那时候就能做出好的网站，seo 搞得好，那就会通过这一波红利获得不少收益。

再比如早期的微博，微博刚出来的时候，你就去认认真真地做一些微博大号出来，那广告费也能够让你赚不少。

微信早期推出的微信公众号显然也是一个中国互联网发展史上的大红利，那时候你要是能抓住机会，好好做一些大号出来，那也势必会赚很多钱。

这样的机会其实一直都有很多，网站，博客，微博，当年的人人网公共主页等等。

这些都还是大家听过的。小众一些的比如我之前说过，我们抓住过的"人人网开放平台"、"腾讯开放平台"的机会，这些也都算是很好的渠道红利。

总的来说，我认为可能大公司的新平台容易出现的渠道风口和流量红利会比较多！

我认为我之所以能够取得一些阶段性的成绩，就是因为我在过去的时间里很敏锐地抓住了一些互联网上的渠道红利。

这些渠道刚刚问世的时候，一般都不会被别人关注，大多数人甚至是不屑于去做的，而我去做了，我就能收获。

肯定有朋友在想，今天是否还有渠道红利？我觉得肯定有啊！而且今天的渠道红利更加丰富，品种更加多。

截止写这篇文章的时候，我看到今天仍然可能有处在渠道红利的机会，譬如今日头条等各种自媒体平台，微信群，张小龙不愿意承认的微信个人号，各种直播平台，短视频平台等等，大家其实都可以去实践！

这样的渠道红利，有时候是转瞬即逝的，有时候甚至是在夹缝中的，我们要是能够敏锐地捕捉这些机会，我们就能在互联网的丛林中生存下去。

2. 变现型风口

前面说了渠道型红利，但光有渠道，没有变现机会也是不行的。

其实做任何生意，供应链都是很重要的，但是实话实说，在互联网上创业，如果在初创的时候，就把供应链拉得很长，那变现就会很困难，或者说没那么快。而当一个创业者在资金基础上比较薄弱，没有充足的资金和资源去整合供应链的时候，就会很容易被供应链拖死。

有很多互联网公司就是因为供应链太长，整合不过来，自身又没有造血能力，融资能力又跟不上，所以被拖死了。

所以如果在互联网上追求快速盈利，那就需要抓住一些供应链简短的变现型红利。

互联网上有哪些属于变现型红利呢？譬如我们之前做的淘宝客就是一个变现型红利，如果没有淘宝客，那纵有再多的流量我也很难直接变现，如果我自己去组建电商供应链，那需要投入很大的精力与财力，这样我就没办法顾及到我的核心工作了，对于我这样小型的创业者来说，起步的成本就瞬时变高了很多。

再比如说百度钱包、借贷宝这样的公司，他们之前推出了一个互联网变现的机会，只要帮他们推广，帮助他们激活用户，他们就会按照下载量、绑卡量给你很高的佣金。这样的事情对于有流量的人来说就是一个变现红利。

一个小型的创业公司如果推出这样的事情，可能不太靠谱，但像这些上市公司搞出来的机制，还是有一定信任度的，很多人就会去帮他们推广，获得佣金，最后营收获利。

再比如微信的广点通的流量主，像我的团队在做微信公众号的时候，因为也积累了大量粉丝，通过微信本身的流量主广告也能收益颇丰。

这些往往都是属于变现型红利，这样的红利期也不一定有很长的时间，随着用同样变现模型的人越来越多，红利期就会过去。

大家有兴趣的也可以根据我说的去做更多的发掘。

3. 产品概念型风口

其实我前面说的两种风口都是偏实的风口。

但大多数投资人、投资机构所追求的风口往往是产品与概念型的风口，这样的风口问世的时候会受到资本的追捧。

譬如曾经"团购"领域的"百团大战"，O2O 的风口，打车软件的风口，直播 app 风口，当下正风起云涌的"共享单车"的风口。

这样的风口往往是基于一个新的产品概念模式，或者理论上可以行得通的商业模式而形成的。

这样的风口往往是需要资本的大力推动，并且一旦形成，大家都会一窝蜂地去做，譬如最近的"共享单车"概念，北京满地都是红车黄车蓝车，车子的颜色就那么多，有人打趣说"新的想挤进这个领域的创业者都没有颜色可选了。"

但我认为这种风口下很容易变味道，滋生出大量本身没有任何商业能力的公司，而这些公司存在的意义就是 to vc，他们的商业模式事实上只有一个概念，而真正意义上行不通，脱离实际，甚至形成"庞氏骗局"。

并且这样的风口下只有最头部的一二名的公司才能最终存活、获胜。其他百分之九十九的追随者都将成为炮灰。

当然这头部已经存活下来的公司往往前途一片光明，成为了大型的独角兽公司，但想成为这样的公司概率是很低的。想要成为这样的公司，你的天时、地利、人和都需要发挥到最大值。

2.21 大学期间
我没有抓住的机会

　　我在大学时代，其实前面说的渠道流量型的风口，变现型的红利，我都敏锐且幸运地抓住过一些，这也是我能取得一些阶段性成绩，获得一些现金收益的原因。

　　但是前面所说的产品与概念型的风口我却从来没有站上去过，其实到今天为止我也没有做出过这样的公司。

　　当然一开始我根本就不懂这些，一开始我搞互联网的时候，就是很单纯地去做一名站长，建个小网站，哪儿想到那么多呢！这些也是逐步经历了很多事情，见到过很多人，研究过很多公司以后才领会与归纳起来的游戏规则。

　　当时也有极少数网络上的朋友，他们起先和我一样，从最接地气的事情开始做起，而后敏锐地转型做更大的生意，持续融资，公司估值不断增高，短短几年时间因为互联网不仅仅实现了财务自由，更是离上市敲钟、人生巅峰越来越近。

　　这样的机会，我目前还没有抓到过，但我也没有因此觉得遗憾，因为我对我自己的定位非常清晰，目标非常明确。我很清楚地知道哪些是适合自己做的，哪些则是现阶段不适合做的。

产品型风口的事情可能就不是我现阶段适合做的事情，因为天时地利人和都不具备，自己的能力也确实没有达到，这让成功的概率变得很低。我说成功的概率极低，绝不是吃不到葡萄说葡萄算酸，是概率真的很低！你看看那些纯粹只靠融资炒起来的公司，能真正走到最后的有几家？

而且我认为现阶段我最应该做的事情就是更加目标明确地进行原始积累。

原始积累到一定程度根本就不能算是成功，最多是原始积累的过程中取得了一些阶段性的成绩，一个 20 多岁的年轻人怎么可能有什么成功可言呢？一味地追求成功，追求立即要搞一个大产业，就往往可能会把自己的时间和精力陷进去，甚至绑架进去。

我见到过很多创业的朋友，他们起初看似高举高打，风头劲十足，但所做的事情在意外来临或资本遇冷的时候，他们就停滞不前，自己想要脱身也无法脱身，无法像我这样灵活地调转船头。

其实真正稳健而成功的人生，是需要经过原始积累再到基础设施建设，然后才走向人生巅峰的。他们很多人是没有原始积累，直接步入基础设施建设，这样的路径是不适合我的。

我虽然有一些机会没有抓住，但我就目标明确地追求原始积累，说更直白一些就是追求商业的盈利，既然选择了商业，那我在什么都没有的时候，赚多少钱，积累多少资金，这才是实实在在我要追求的！其他大佬和成功企业家、投资人站着说话不腰疼的话，我只能听听而已。

2.22 大佬
给我的建议

2013 年的夏天，素有站长之王之称的蔡文胜先生来苏州，他是国内最知名最成功的域名投资人，国内很多知名网站的域

名都是问他收购的，同时他也是一个非常厉害的企业家和天使投资人，他从站长起家，创办过265网址导航（后被谷歌收购），4399小游戏，也是暴风影音、58同城、美图秀秀等知名互联网公司的早期投资人，现在是美图秀秀的董事长。

我很早就听过蔡文胜的故事，非常佩服他，因为他抓住过那么多机会，从域名时代、站长时代到自己的创业以及成功的天使投资，互联网上能抓住的机会，他基本一波一波都没有错过，像这样能抓住每一个机会的人肯定是有他的技术含量的，绝不是没有道理的。

我在苏州和他聊了很多，我把我做过的事情和未来的预期拿给他看。其实他那时候就是很知名的天使投资人，但我对资本其实没什么概念，也没有希望他来投资我，就是希望他能给我一些建议。

蔡文胜当时表扬了我好多，我们聊了域名、流量等等，不过那天他一再重申让我接下来一定要做移动互联网。移动互联网的时代已经不可逆地到来。他让我原来所有的东西都可以不用搞了，只做移动互联网一定有大机会，让我接下来好好研究移动互联网。

而且他教我，要我学习如何与资本打交道，有好的移动互联网的项目也可以找他。

他临走的时候对我说："今天你赚的所有钱，对于未来的你来说都是小钱，一定要去做移动互联网，全身心投入进去！"

那时候正是移动互联网概念刚起步不久的时候，刚刚进入全民移动互联网时代，当时有一个说法是，目前拿到移动互联网船票的公司只有腾讯一家，因为他们当时的微信已经很火了。其他任何一个公司都还没有拿到移动互联网的船票。

其实这个说法到今天来看是有问题的，今天其实无论你有没有拿到移动互联网的船票，你都必须得挤上移动互联网的大船。今天其实已经没有 pc 互联网和移动互联网的区分了，互联网从某种意义上说就等于移动互联网。

而遥想几年前蔡文胜大叔那么坚定地让我一定要做移动互联网，可见大佬的战略眼光确实不一样。

我那次回去以后，我就一直在思考移动互联网的事情。我想来想去移动互联网对于我这样的草根创业者来说是有很大的门槛的。其中有两个非常重要的难点：

一个是 app 开发的技术，我之前做网站和开放平台，很多都是用一些现成的源码，而且 web 的开发相比 app 要容易许多，app 需要不同操作系统以及不同机型的适配，需要多种技术配合着搞，一个 app 开发出来也需要不少的资金投入以及时间成本。

app 其实做出来也并不是太难，但真要做一个像样的能赚钱的东西对技术的要求是比较高的。

并且看似是技术问题，其实是人才问题和管理问题。你要开发好的 app，一定需要招募优秀的程序员，我毕竟做了这么多年互联网，我很清楚有很多搞技术的人水平是很 low 的，如果人才找不到，那这些人做出来的东西将全都是坑。

而且招到程序员以后还得管理好他们，而那时候我在团队管理这方面的经验是严重欠缺的，我自己一直是一个草根创业者，并且每天还要上学……要是整一个几十人的技术团队来，你让我怎么管理呢？

此外还有一个大问题就是 app 做出来以后，怎么推广？我也没怎么做过 app 的推广，缺少 app 推广的经验。很多创业公司的 app 费了九牛二虎之力开发出来的那一天基本就是团队可以解散的那一天了，因为没人用。

这两个问题确实是当时阶段下比较困难的两个问题，也是我迟迟没有进入移动互联网的最重要的原因。我和蔡文胜他们那些大佬不同，他有钱，能招到最好的人才帮他做事，想做什么做什么，想投什么投什么，而我那时候每天还要上学呢！

但是我就在想移动互联网一定要开发 app 吗？我觉得未必，我相信移动互联网也一定有不一样的路径可以切入。

不是都说微信拿到了移动互联网的门票嘛，如果借助微信能否在移动互联网上做一些事情呢？那时候微信的公众平台其实已经推出有一段时间了，而在 2013 年 8 月 5 日，微信公众平台做了一次大的改版，微信公众账号被分成订阅号和服务号。

我开始研究这两个号的区别，我发现大多数人基于微信公众号都是在做订阅号，订阅号就是一个有媒体属性的东西，我对做一个媒体类的东西兴趣并不大，因为它只能用于推送消息，门槛似乎又过低了一些。

那时候我对微信订阅号的认知还比较浅显，我认为本质上订阅号就和博客差不多。

订阅号上也只能够用来发一些文章、视频等内容。我如果再去做订阅号，那就和早期我做网站没有什么特别大的差别了，我们此前已经做过很多内容性的网站，比如星座网、小学生作文网等。我觉得订阅号也就只能做于此。

而服务号仿佛更具有想象空间，我发现服务号的初衷是专门为互联网应用与服务而生的，我研究了服务号里的开放接口，我发现这个服务号不就是专门给我这样的移动时代的创业者降低成本做互联网服务用的嘛！服务号简直就是一个创业神器！

我想这也是一个大机会啊，利用微信服务号来创业做一些移动互联网时代的服务会很不错，我根本就无需去像很多创业团队那样开发 app 啊，完全可以用服务号就行了。

其实我那时候对此的判断是有局限性的，在日后的时间里，微信订阅号比服务号要火很多，幸亏日后我们也抓到过微信订阅号的流量红利，但在当时我并没有把订阅号当回事儿，但现在回想起来微信订阅号输出的往往是到达最终端的内容，看似简单，其实是最有机会的！

因为互联网的场景被不断切分后，用户真正的注意力最终还是集中在内容上面！但那时候没想这些，我是从另外的角度判断后，决定要基于服务号做一些事情！

2.23 学生时代 最后一个项目（上）

前面说到，我看中了利用微信服务号作为我进入移动互联网的敲门砖或许是一个不错的机会。但是该做一个怎样的商业形态呢？

我希望我所走的每一步都能伴随自我的业务长进和能力成长，并且要将过往的经验结合起来，我想到我已经有过做淘宝客的经验，淘宝客其实可以算作是一种简单的电子商务的形态，但淘宝客和真正的电商的核心区别就在于，淘宝客是无需商品供应链的。

等于说，我是有一定做电子商务的基因的，我或许应该把这一块的经验与微信服务号结合起来，做一个涵盖供应链的电子商务项目。

其实我在前文里也已经说过，供应链往往是很多大公司成为独角兽的壁垒，但往往也是很多小型创业者的死穴，因为创业公司往往供应链拉得长，而自身内功跟不上结果项目被拖死。

但一次又一次的阶段性成绩让我内心也充满自信，我研究了当时成长速度最快的互联网公司，发现其中很多都是做电商的，电商公司会有直接的现金流，也具有快速成长的土壤，于是我决定来搞。

我注册了一个微信服务号，取名字叫"快老虎"，还注册了商标，买了域名。我们主营的业务是通过微信服务号来销售零食，我们起先在苏州开始试点，通过我们的服务号购买的零食会很快地配送到用户的手中。

我们起步非常快，在我们大学旁边租了一个 200 平方米的小仓库，招了几个兼职的学生就开干了。mvp（最小化）模型很快就建好了，都不需要什么技术成本，注册一个服务号，然后我自己用一个知名的开源电商系统做了一个下单系统，技术上就这么实现了。

因为我的这块商业模式上，我是希望用户下单后，很快我们就把商品配送过去。所以我们需要本地的流量，对此我将地推作为了一个重要的推广手段。

我们很快设计了一套传单，传单上把我们的每件商品都印刷在上面，用户只需要扫描传单上面每个商品的二维码就可以通过微信下单了。我们把传单印好后，所有的小伙伴们在各个大学、写字楼扫楼。

因为传单是初期最主要的流量来源，所以我们每个传单也设计得非常精致，每天都要扫楼，我认为传单是到达用户的一个重要窗口，所以我们在传单设计上非常用心，文案别具一格，各种版本的传单加起来有数十种，而且经常更新传单，当时扫楼的效果还真不错，很快有了不少订单。

同时我和一个朋友合作，利用某基于 lbs 的陌生人社交软件引流，他在那个 app 上拥有几千个账号，而且他能让这些账号在全球任何地方定位。我只需要在电脑上拖动头像，就可以把每个账号定位在苏州的任何地方。而账号里我会打上我们产品的广告，有很多用户就会因为这些广告来向我们购买零食。

因为流量获取成本比较低，我们一开始竟然就能赚钱了，每天销售量还可以，我们商品的货源很多都是我们自己去找的，江浙沪这样的货源还是很多，有一段时间我们就经常这样骑着三轮车去供应商那里拿货。

那时候简直是我创业以来最忙碌的一段时间了，以前虽然也很忙，但都是在网上工作，彼时的重点却是在线下，拿货，发货，扫单，客服……

不过每天还是很开心的，因为我们团队旁边是一个产业园区，那个园区里有很多所谓的互联网公司，但我都弄不清楚他们的业务是啥，每天都在忙着融资融资融资，完全没有现金流，我们却可以将我们的忙碌和营收成正比。

你看下面这张图片上，脸上都是痘痘，一忙一累，单身创业狗就容易长痘痘，现在也是一样。

　　我们的业务很忙碌，不过我当时算了算，虽然我们赚钱，但其实也赚不了多少钱，流水不少，但利润太少。其实后来知道了，做独立的电商品牌能有利润就已经很不错了。

　　但当时想的是还要扩张！做出更大的规模才能获得更多的收入。

　　这个时候，其实供应链，包括团队的管理都是需要升级的。起初我们的供应链太差了，团队的管理也跟不上，看看我们杂乱无章的仓储发货就知道了。

　　而我们在扩张的过程中，苏州好几个区域都铺开做了，人员越来越多，成本也不断加大，渐渐地越来越多的问题开始浮现出来！

　　我们的配送上也开始时常出问题，管理也跟不上，客户的投诉率增大，我们的成本也日渐变大。

　　我渐渐发现现在做的事情好像越做越累，电商业务其实某种程度上并不是一个纯互联网生意，而是一个贸易生意，贸易的成分比互联网更大，这时候其实和用什么服务号、app、网站等等关系都不是最大的。

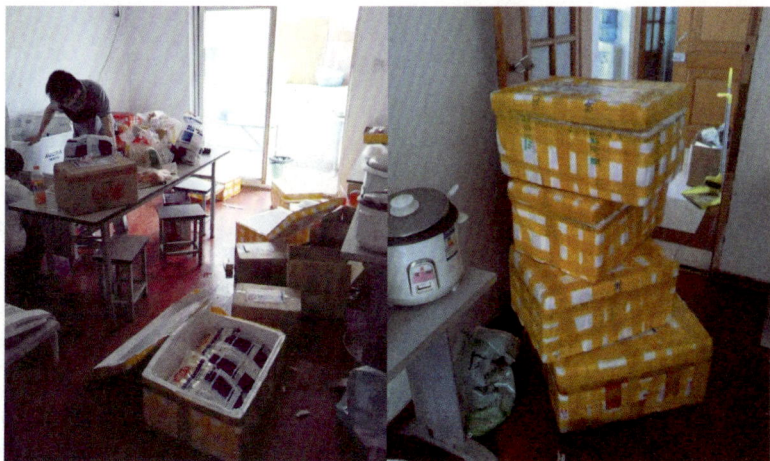

对于电商来说流量是必要而且也是异常重要的。但是供应链，团队的管理，物流的管理，以及线下的一些交道却也同样重要。而我一直是一个纯在互联网上做事情的人，渐渐面临了越来越多的线下事务以后，我越来越觉得很多事情我们还是太嫩了，毕竟很多事情我们还是 hold 不住。

其实这里面有两个原因，一个是因为我们当时并没有引入资本的概念，做电商如果仅仅做一个淘宝店赚点钱是有可能的，但是真正要在供应链、物流仓储各个层面都正规化运作，做一个大的电商公司其实必须要依靠资本的力量。国内大的电商公司里，其实没几家是能盈利的，到今天为止你把那些上市的电商公司的财报拿出来看看，他们还是每天都在亏钱。

第二个原因就是我们毕竟还是 too young，很多事情我们在网上轻车熟路，但是供应链、物流之类的事情以及其他一些线下的事情，我们太不成熟了，而这又是一个系统的大学问，需要好好去研究学习。

2.24 学生时代
最后一个项目（下）

当时这摊微信电商业务，也不能赚多少钱，团队的开支也越来越大。

而我那时候也临近大学毕业，我们几个核心的团队成员也都和我一样面临大学毕业，学校一堆事儿比如毕业论文、毕业设计要弄，我还有一堆挂科的科目需要补考，这让业务情况变得雪上加霜。

而等到 2014 年 7 月份的时候，又发生了一件让我彻底无语的事情。

我们团队一个核心的伙伴，也是我的同学兼室友，所有的配送物流方面的事情都是他来负责与调度的，并且我们已经在一起创业近两年了，我的秘密他几乎都知道，有一天他说他家里有事要请假回去两天。

我也没发现任何反常的情况，那是 7 月份一个周日的下午，天气非常热，我和团队另外两个小伙伴说，最近咱们都太忙了，去游个泳放松放松吧！

我们就开着车子到了游泳馆门口，我记得那天车停在游泳馆门口，准备下车的时候接了个电话，这个电话居然是我那个请假回去的伙伴他爸打过来的。

他爸态度也不好，就说你们创业这个事情，我儿子接下来就不参与了，赚也赚不了多少钱，接下来他就在老家，他不过来了！他不好意思跟你说，我跟你说！

我当时直接就懵了，我说麻烦你找他接个电话。

他爸说，不接！就这样！

后来他妈也打电话过来，他妈态度还不错，跟我说了一些原因，他妈说：主要现在他儿子毕业了，他儿子自己也不想再创业了，感觉自己不是创业这块料，想安稳地找个家乡的工厂去上班。而且自己也希望儿子今后在身边能给他们养老。

我说：你叫他接个电话，我跟他聊聊。他妈的理由就是，他不好意思跟我说，就不接电话了。

其实到今天为止，那哥们儿自此一别，都杳无音讯，没有过半毛钱联络，都是他父母跟我说的。但当时，我心情感觉要崩塌了。

游泳自然是没游成，我就开着车子，漫无目的地在苏州城里绕，这个事情发生得太突然，也太出乎我意料了！

一方面，我特别气愤与无语，一个人怎么可以不负责任到这种程度，说不干了，连个话也不说，就叫爸妈打个电话来，这也太逗了。人心真是太难预测了！

另一方面，对于这个项目本身，我感觉也快崩塌了，他负责这样一个重要的环节，从一开始就一起搞的，现在他不搞了，这一块完全没有合适的人选了，而且本身业务就已经让我焦头烂额了，这样一来，基本可以宣告结束了。

坐在我车子里的两个小伙伴，也不知道该怎么办了，他们开始出谋划策，但我脑子完全不能冷静下来，主要还是气愤。

我这个人遇事以后，一般初期还是很不冷静的，但我调节能力还行，很快我就会想通问题。事发一个小时以后，我就把问题想通了，我也不应该太过于责怪他了，毕竟他也就是一个不谙世事的学生，他在他父母眼中显然是个宝。

而且我们创业这么久以来，他也是有功劳的，况且我们现阶段确实非常忙碌，小伙伴们也没能因为这个项目赚多少钱，我们的工资水平也不高。他做出这样的决定，我也应该理解他，人家在大学的时候，反正没什么成本，可以和你折腾折腾，但现在都要毕业了，估计别人也有现实的考虑。

另外一方面，这块业务本身既然出了这个问题，那我们能做的只有立即找人来补救，不管这个事情做不做得成，即便没有做成，即便一个项目失败，也对我们每个人没有特别大的影响和损失。

有个小伙伴建议，要去对他再争取一下，和他父母好好聊聊，我说，不用聊了。这一页已经成了历史了，我们现在可能会因为一个人的离去对我们的事业造成很大的影响，但随着我们日渐成熟，任何人，他们的到来只会给我们锦上添花，但他们的离去绝不会再给我们釜底抽薪。

从那个事件以后，我开始很有意识地关注学习一个公司的制度建设，权利与义务分配，公司与团队管理等等。

现在回头来看，这个事情对我是很有益处的，是我对公司与人事管理的启蒙，在日后，类似的事情也碰到过不少，但每一次其实都让我们自己变得更成熟。

而事实上，每一次我们以为是很严重的人事的变动，当我们积极面对，调整自己的时候，这些变动真的一次都没有对业务产生过什么实质的影响，反而让我们变得越来越完善。

　　像当年那个离我们而去的那位伙伴，不知道他今天在干嘛，不知道他今天是否真的和他父母所说的那样在老家县城的工厂里上班。我只知道，我们走得很快，那时候的小伙伴里，到今天我们还有人在一起，我们的人生可能就此被书写成了截然不同的版本。

　　回归到当时那个电商业务上说，那块业务其实本来也就因为我们自身的乏力而陷入僵局。

　　渐渐地我对这块业务开始失去信心，也感觉自己能力上还有许多需要提升的地方，在业务上停止扩张，花在其中的精力也不那么多了。但这对我们没什么大影响，我们随时拥有调转船头的能力，而且我们并没有因此亏损太多的钱。

　　我们积累的就是各种可贵的经验！很快十多年的学生生涯也结束了，我们也毕业了。

　　这次这个纯电商项目，总体核算下来是亏损的。这也是我为数不多的失败项目，亏了多少钱我就不说了，反正没有伤筋动骨，也不可能永远一帆风顺，不可能做一切事情都成功。

　　我对未来越发充满希望，我知道未来一定会异常精彩纷呈！

第三章

在帝都的日子

3.1 毕业！
说走就走的新旅途

　　我大学即将毕业了，虽然从高中起就开始创业，过往的经验里再怎么折腾，我也一直是以象牙塔里一枚学生的身份。但接下来，面临的却是要真正走向社会了。

　　当真正要完全进入社会的时候，我的内心还是有些忐忑和无措的，事实上我必然和一般的应届生不一样。这时候的我已经有了一定的存量，无论是从物质财富上还是个人业务经验上，我和身边的人是那么地不同，我身边没有任何参照，身边的同学要么忙着投简历找工作，要么家里早早给安排了工作，要么继续读书，而我对接下来到底该做出怎样的选择是充满疑问的。

　　但我也很明白，当我进入社会以后，我必须要给我未来的妻子孩子，给我自己，给我的家人以安全感，我不想让别人认为我是颠沛流离地乱折腾的什么热血创业青年，那样即便赚再多的钱也不是我想要的。

　　我需要真正地提升自己，让自己在未来真正成为一个企业家或投资家，我希望未来的我是一个能 hold 住各种事情，抵御各种风险，是一个有能力对社会，家庭，子女以及我自己承担责任的人。

我当时又在苏州购买了一处更好的学区房，同时我也给自己购买了各种商业保险，这些举动都是为了缓解我当时初进社会内心所面临的恐慌感，也让自己的根基再深厚一些，至少不会给别人带来麻烦和负担。

但是可以预见，未来我所从事的方向一定还是互联网，我当时也调研了很多苏州本土的互联网公司以及苏州当地的创业环境。但我发现当时苏州的互联网环境似乎不是真正的主流互联网，那时候苏州也有很多所谓的互联网公司，软件公司，但其中很多其实都是传统商业模式的外包公司，或者传统的软件公司，真正 to c 的互联网公司非常少，几乎都没什么大众耳熟能详的互联网公司。

我当时萌生了一个念头，我是不是应该出去看看，一直听说北京搞互联网的人很多，而且很多知名的互联网公司也都在北京，我认识的不少做互联网的朋友也都在北京。

但从前我其实从来都没想过我会离开江浙沪，到北京以后确实发现在北京的江苏人是很少的，江苏人一般去北方的相对比较少。

但有了去北京的想法后，我却非常兴奋，因为我对于帝都的情况一无所知，而我认为完全未知的事情或地方往往蕴藏着巨大的机会。

人生很多的机会与增长点往往都是在看不到的盒子里冒出来的，你一眼能看穿的盒子里，往往机会渺茫。我越想越来劲，我是应该正式地考虑一下我去北京的可行性了。

我当时给几个在北京创业的朋友打电话，我告知他们我有想去北京的意向，先向他们打探一些北京的情况。

几个北京的朋友听说我有意向来北京发展都非常支持，他们都一致表示搞互联网一定要来北京，北京在互联网上的机会是其他城市所无法比拟的，而且他们也挺希望我加入他们的公司。我也考虑了，如果我去了北京后，我应该先好好加入一个优秀的互联网公司，提升自己的能力和视野。

当时我其实还有业务在做，就是微信电商那块业务，但已经到达尾声，到了随时都可以放弃的阶段。我问团队的小伙伴有没有人和我一起去北京，有的人愿意和我一起去，有的则不愿意。

而我已经下定决心：要去北方！

2014 年的 9 月我带上几件衣服就与小伙伴踏上了去北京的高铁。

而在苏州，我租的房子还没到期，里面有很多的办公设备，电脑，办公家具，库存，送货交通工具等等都没有来得及处理，我们就匆匆忙忙地走了。原本我们计划先去北京看一看，再回来处理苏州的事情。

但事实是，我们那次去了北京以后，实在忙得不可开交，就再也没有回去收拾过那些东西。现在想来那时自己还是很果断的，一到北京后，我其实就嗅到了新的味道，我就知道短期内我不会再回去了。

我在苏州办公室里各种固定资产加起来至少有十几万，光电动车、电脑就有十多部，还有其他设备和固定资产，最重要的是我们在苏州的业务好歹也积累了不少客户，每天还是有不少订单的！当时也有朋友劝我不要走，因为这些一手折腾出来的资源和资产还是很有价值的，还可以盘活，这一下子全丢掉也太可惜了！

但我和小伙伴说，那些咱们暂时不管了，要丢就丢干净，团队那些固定资产大不了不要了，要的话放也没地方放，我们要去处理那些破事，至少又要来来回回浪费不少时间，我们不管那些，我们去做最重要的事情，把最重要的事情做好，收获会远超过收拾那些破烂的价值。我当时已经清楚地知道了，我们决不能躺在过去的存量上，过去的任何存量，适当的时候我都可以全盘抛弃，灵活调转船头，不要老觉得可惜，轻装上阵，才能走得更远。

就好比我们在淘金的时候要收拾垃圾，你既然已经认定了那些都是垃圾，你就果断一股脑儿全给扔到垃圾堆里去，就别想着再筛选筛选，哪些可能是有用的，哪些是可以卖废品的，哪些是还可以重复利用的，你有这个时间去筛选不如把这个时间用到淘金上去，不把精力浪费在那些上面，认定了是垃圾的，就直接扔，别管可不可惜，等你淘到金子的时候，你就知道，幸亏没在那些存量的垃圾上面浪费时间啦！

我不懂以后我是否会一直待在北京，但23岁时的那个决定在今天看来绝对是人生最重要的决策之一，在这个决策里，我也是有魄力的，有决断力，没有过多的拖泥带水。

也许对于一个一无所有的人来说天涯海角想去哪里都可以无所顾忌地说走就走，但对于当时的我来说，果断地选择了去北京的同时意味着我放弃了好几件重要的事情，忍痛放弃了重要的人，摈弃了多个重要的机会。有的不方便说了，也不想多提了，反正现在看这些都不重要了。

就这样，我开启了我人生崭新的时代。

其实至此也可以体现出我生命中一个重大的幸运，这个幸运就是，我人生中最重要的决定，都可以由我自己来掌握航向！

记得高考填报志愿的时候，也是我自己给自己做的选择，到毕业后的去向，以及人生各种重要的事情，我都不会被父母或其他人所左右，我可以自己书写自己的命运。

因为一方面我的父母是一个相对先进的父母，随着我日渐成长，父母与我的关系在某种程度上越来越平等和尊重。另一方面我也知道自己要什么，我坚决不会把自己人生的选择权交给任何人。

其实这一点是很重要的，这个社会上比我优秀的年轻人那是多得数不过来，但是很多人自己不能掌控自己的命运，自己不能够独立思考，总是被父母之命、媒妁之言所左右，而最终没有活得非常丰富。

父母的话也许是对的，但也许是错的，也许会将你引导到一条正确的人生轨道上，但也可能将你引向了一条不那么精彩的人生轨迹，我则坚持自己决定道路，对自己的道路负责，走对了，是我的幸运！走错了，也不怨任何人！

3.2 初到北京后
的选择

　　高铁停在了北京南站，下高铁后我们就在北京南站旁边找了一个超级便宜的太空舱旅店。

　　这个旅店里貌似都是北漂的青年，所谓太空舱旅店就像下图这样一个个格子，每人只能住一个格子，不过还算干净，其实很多北漂的人要是每天都能住在这里已经不错了，住在狭小的地下室的人也很多。

　　我们住在这个廉价的地方其实也不是没钱住高档的酒店，主要也是对北京太不熟悉，感觉住哪里不重要，对于偌大的北京城也不知道哪儿是哪儿，随便就近找了一个，也算体会了一次北漂青年的艰辛。

　　在这个低端旅店里，我看到很多北漂青年，白天上班，晚上回来后会苦读学习到很晚，即便工作以后还要应付各种考试，他们以这种方式寻找让自己变得更好的路径。美国以前有个叫杰斐逊的总统说过："每个人都有追求幸福的权利！"这句话被很多人误读为"每个人都有幸福的权利。"

　　在这里或许大多数北漂人对未来的未知都是恐惧的，他们甚至不敢想太遥远的事情，因为充满不确定，太难突破目前的现状了。

　　而我却非常兴奋，我的未来虽然也有很多未知，但我有底气与自信，此刻的我已然没有任何顾虑和压力。在大学的几年里，我积累了足够的经济实力来养活自己，我有房产，我还有在业务上的经验，我的父母也有独立的能力暂时无需我负担，我不怕。

　　这个阶段里，我也不再急于创业，我想去一个优秀的公司里学习提升自己，也看看自己能不能为一家优秀的公司提供出我的价值。我相信：莫愁前路无知己，天下谁人不识君。

　　而到北京的确一切也还顺利。第二天我就去了我朋友陈鸿的公司参观，陈鸿的网名叫"干爹"，也是在互联网上因为合作而认识的，现已经是国内 h5 服务领域里非常优秀的公司，彼时他刚刚创业做这个新的项目，记忆中那时候他团队里才刚刚十个人出头，租住在北四环边上的一个商住楼里。

那天我们聊了好多，来北京的第一顿饭也是他请客的，他也非常希望我和我的小伙伴能加入他的公司。除了陈鸿以外我还有一个朋友也是一个创业公司，得知我来北京，也非常希望我能加入他们团队。但是我更看好陈鸿的团队，他们的能力很强，而且判断力很准确，那时候h5还不是很火，他就下决心全力投入要做相关的项目，我内心其实相信他一定是能做起来的，现在看果然做得非常出色。

但我前面也说过，其实那个阶段的我并不是特别想继续创业。陈鸿的公司包括另外哥们儿的公司当时都是初创阶段，和我在苏州自己的公司状态类似。我自己也一直是一个草根互联网创业者，如果此时再去一个最初创的公司意义不大。

我觉得这时候我应该找一个相对更成熟阶段的互联网公司，去学习学习初具规模的互联网公司是怎样运作的，并且为之服务，做一些我没有做过的事。

我在苏州的时候有一个关系很不错的合作伙伴，也是朋友，后来他也来了北京，在一个叫楚楚街的公司担任 CTO 高管，他和我说楚楚街这家公司现在正在快速成长，也正需要优质的人才，而且楚楚街这个公司也正符合我现在的求职标准，不大不小，业务本身也在快速成长。

于是来北京的第三天，我就去了楚楚街这家公司。当时他们刚刚融完 b 轮，员工数量也近 200 人。这家公司当时的主要业务还是基于淘宝客的电商，是国内最大的淘宝客之一。对于我来说这样的业务规模已经很大了。

当我第一次走进这家公司的时候，我就感觉到气氛和最初创的创业公司是有区别的，标准的前台，宽阔的办公空间，员工们正在井然有序地坐在工位前开展工作。

　　楚楚街的核心创始人叫吕晋杰和薄俊辰，他们年龄上也只比我大一点点，我是 90 后，他们应该是 85 后。而且他们也有过很深的草根站长的经历，也是从草根站长一步步走到今天的，这一点和我很像，他们做事情既有很落地的一面同时也颇具企业家的视野。所以从价值观上来说，我判断我和这家公司是有共同点和相同基因的。

　　而且这家公司当时的投资方也是腾讯、联想等知名机构，顶级投资机构的认可说明公司有巨大的发展潜力。

　　这家公司和我当时的标准非常契合，我不想去太初创的团队也不想去太大的像国企一样的集团公司。我认为楚楚街这样的公司一定会带我很快地成长。

　　那天我和 ceo 在会客室里聊了很久，应该说双方都聊得很好而且互相满意，我也当机立断地决定加入这家公司。第二天我们就各自确定了我加入的时间和职务等等。

　　就这样，我人生中的第一份工作就开始了，也是比较顺利的。我是 2014 年 9 月 15 日开始到楚楚街正式工作，那时候的公司在知春路的盈都大厦。

　　宿命一般的是盈都大厦正是我在《夏令营后的重要决定》里所写。初中十几岁的时候我第一次来北京参加夏令营，我们班就住在这个盈都大厦正对面的大运村公寓，后来我每天上班，都能看到窗外的大运村公寓。

　　数年前初中时的我，曾在那里信誓旦旦地告诉自己，要好好学习，要考清华，要让所有人为我而惊叹，而彼时真没想到，多年以后我竟然在此处上班了，人生很多事情估计早有隐喻。

3.3 在职场
快速进步的日子

　　2014 年 9 月 15 日我正式入职，开启了人生第一次的职业生涯，我在公司旁边的小区租了一个单间，每天上班步行 3 分钟就到，我就这样从一个南方草根创业汪摇身一变，变成了一个帝都互联网公司的职业人。

　　我是我们部门的 leader，我们独立作战，管理着数个千万用户量的娱乐 app 和微信公众大号。当时公司除了核心的电商导购业务外还有好几个互联网产品，涵盖星座、娱乐等领域，用户量都非常大。

　　我当时也很吃惊我们公司的流量竟然有那么多，在多款产品上取得了很大的成绩，却居然这么低调，公司里任何一款不那么重要的产品拿到外面都足够一整个创业团队去折腾和吹嘘了，而外界都没几个人知道这家公司，因为那时候公司的 boss 专心做事，从来都懒得接受媒体的采访。

　　我顿时越发敬畏和认同我们公司，我欣赏真正有实力但却是内敛不扬的人，我不仅是公司的一员，我也成了公司的粉丝。其实这一点很重要，你去一家公司工作，如果你自己都很不认同公司的成绩，不认同公司的价值观，那你也很难进步，你的工作也很难做好，但我自己那时候就非常敬畏公司的业务，这让我对一切都有着充分的兴趣。

　　我负责的产品用户量也很大，这些产品从运营到变现等等都由我来全权负责。不过这些产品与公司核心的导购电商业务关联度不大，但对于我来说，我非常喜欢当时做的事情，因为我可以独立对很多事情做出决策和判断。

　　我这样的人思维肯定是很活跃的，对公司里面任何的事情，任何的业务流程，我都是有着充分的兴趣和观点的。那也是我第一次的职场经历，对于职场的很多事情我可能也不太懂规矩，如果在一个更死板的传统行业，我这样的小孩子估计会被排斥或者根本没有说话的机会。但是在楚楚街，这样由年轻人掌舵的公司，相对来说我还是得到了更多的包容与倾听。

　　那时候公司发展非常迅猛，创业中的年轻董事长平时也快忙成狗了，也没啥空搭理我。我常常和我们的 vp、ceo 讨论我当时很不成熟的一些想法，而且很多是根本与我本职工作不相关的，关于互联网和电商、管理等方面，我也时常找他们探讨。

当然我的本职工作，我也有很认真地去做，我当时的心态绝不是像很多人想的那样，我去一个公司学习一下，然后再自己出去搞，我还真没有这样的心态。我真的是非常希望在一个大团队中发挥出自己的价值，当然自己的学习与成长却一定也是必要的。

一个公司里有人入职、离职是很正常的现象，我常常会和团队里一些想要离职的小伙伴们聊天。我问他们为什么离职，有各种乱七八糟原因的就不说了，但有一种原因说的人很多，他们会告诉你，我在这个公司感觉学不到东西，成长太慢，公司有怎样怎样的问题，我要去更大的公司……

我当时就明确和他们说，你们这样的态度，去一百个公司都学不到东西，不信一年以后你再看。结果有的小伙伴离职后一段时间，甚至到今天都会有那时的同事和我聊天说：刘欣你那时说得太正确了，我后来离职后到哪儿都感觉一样，确实是我自己的问题！

对于我来说我个人的感觉就是，我在公司里学到的东西真是太多了，而且都是真正受用的东西。

我会很细致观察公司创始人每天处理事情的能力，待人接物的态度，对我的态度，对公司管理上的策略，公司战略上的决策等等。

碰到不懂的事情，我都会主动去寻找答案。我在公司的人缘也是很好的，尤其是公司里优秀的员工，我们关系都很好，而且这种良好的关系不是那种基于人情世故，利益的好，而是互相都愿意向对方学习，公司里经常会有其他部门的产品经理、运营、技术的同事来向我请教一些问题，而我也经常向他们请教他们熟悉的问题，优秀的同事都很谦虚好学，我们的氛围非常好。

到今天为止，那时候的优秀同事都经常交流交往。

但也绝不是每个员工都会这样，大多数人其实也想要追求进步，但是只是想想而已。很多人每天就是两耳不闻窗外事像一台机器一样坐在工位上，而真正敢于去探索，追问，细致敏锐观察事物的人是少数，但他们却都是公司里最出色的员工。

我也会很细致地去学习我们公司的商业模式和战略，并且和 ceo 沟通，和团队沟通，和其他部门的同事沟通。在这个过程中，每天都有进步。我常常把我的想法写成邮件发给 boss，虽然 boss 有时候真的很忙，对于我彼时有的幼稚的想法没空细说，但更多的时候还是会和我讨论，也大大地提升了我思考问题的能力。

除此以外在楚楚街的日子里，我个人对于创业的认识、资本的关系、团队管理和项目管理等等都有了全新的认知，学到了很多，对我日后的发展起到了重要作用。

公司的 boss 们相对来说是具有一定的开放心态的，若在一个体制内的单位里，一个 85 后，90 后估计都是后辈学徒，但是在这样一个年轻的互联网公司里，boss 会鼓励我去尝试我的想法，也有让我在很多事情上独立做决策的意愿，我的工作中也没有给我设立太多的条条框框，用开放心态放手让我去搞。

也正是因为这样，我自认为我的工作完成得挺不错，我给团队是创造了价值的。

而且这些开放的心态在我后来管理我的团队中，也牢记于心，不断学习与实践。

而且在那段时间里我也对互联网的商业模式更加充满了希望，这样一个由 85 后组成的年轻的团队，短短的几年里做出了一个估值数十亿人民币的公司，那说明这个时代一切都不是没有可能的。

3.4　互联网创业
最火的时候到了

　　我前面也说过，我虽然很热衷于观察与学习，虽然有时候很灵活且敏感，但我并不是那种在某个公司上班，却还东张西望，学一些这家 x 公司的路子，然后一心想着自己出去单干的那种人。

　　但是世事总是难以预料。

　　以前我创业的时候互联网创业其实是不温不火的，没多少人关注。但谁知道，我在楚楚街的那一年里，互联网创业变得异常火爆，成为了时代最大的风口。"互联网＋"，"全民创业万众创新"这样的概念相继提出，平时同事、朋友间聊天，也大多都是哪个产品又火了，哪个产品又拿到了新一轮融资。

　　无论地铁上还是咖啡馆里，好像一时间全北京的人都在讨论创业，整个北京的空气里都弥漫着互联网创业的味道。

　　那段时间，好像有个好的 idea，有个 BP（商业计划书），就能拿到融资。整个资本市场疯了一样地追逐创业者，只要是有大公司背景的人，投资人都会毫不犹豫地投，甚至有很多投资者会主动鼓动那些大公司的人出来创业。每天各大新闻网站的创业板块，朋友圈里都充斥着各种最新的融资新闻。

因为我此前有过几年的创业经历，并且还取得过一些成绩，一时间我也成了香饽饽。我在北京有不少曾经在网上合作过的老朋友，同时到北京以后我也认识了很多新朋友。那段时间里，经常有人找我，希望说服我辞职跟他们一起创业。

但说实话这些人，我一般都看不上他们，他们大多数说的项目我都没啥兴趣，而且大多数人我觉得论能力和经验并不及我，还要让我加入他的团队，简直很可笑。

那时候也有天使投资人以及投资机构的人找过我，希望给我投资，让我去创业，不过很多竟然都是给我命题作文，也就是说他们想一个项目与方向，然后让我出来做这个项目，他们投钱。我不懂他们怎么会想出这样的形式，估计是觉得我这个人身上有一部分能力是珍贵的，但又不是那么好掌控的，所以想出命题作文这样的形式。

我对这样的创业与投资形式当然不会有任何兴趣。

但那时候我走在知春路、中关村那一带，路上、咖啡馆里仿佛都是在谈项目，谈产品，聊融资。同时又经常有很多人来找我，这些现象确实让我感觉现在创业好火啊！

我当时在公司也做出了一些成绩，我一分钱没花就能给公司增长了几百万微信粉丝。而且我把公司里一些不那么重要，并且原本可能会被浪费的流量开始主导流量变现，资源被有效地整合利用。

但那个阶段里公司的核心业务已经越来越倾向于电商业务。我团队做出来的东西，譬如做了几百万微信粉丝，这些粉丝流量对于一个普通创业者或创业公司来说就是一个巨大的资产了，是能帮很多人实现财务自由的，但是对于我们公司来说这些粉丝流量让我感觉没那么重要。

那时候，boss 们越来越专注在核心的业务上 all in，而且后来在工作上也有些任何到达一定规模的公司都遇到的常见的问题，这些问题让我有些不开心。

当然公司 boss 的专注力也让我非常佩服，这个到今天为止，我都经常和别人提起，他们和我一样，做事情的目标是非常明确的，并且非常敢于抛弃存量，只 all in 专注于最核心的事情，不把精力分散，很多小事情，不那么重要的事情或者非核心的业务，不在上面折腾浪费时间，而是一直往前看，只抓关键问题，只抓核心问题，这一点非常值得我学习！

但遗憾的是我当时的部门正好不是公司的核心业务部门，说实话已经越来越是一个边缘部门了。我知道我的部门是边缘部门，但我本人并不是 boss 心中边缘的人，他们还是很看好我的，可能也是出于信任度，进一步的磨合度等原因，暂时把我放在那个位置上，毕竟我也才刚刚加入公司没几个月。

但当时的我，毕竟我个人也不缺钱，全公司里除了几个老板以外，估计没几个人比我有钱。我又不在乎公司给我多少报酬，我要的是提升自己，并且看到自己发挥出来的力量为公司产出了可观的价值，并且工作的心情也得要开心，被充分尊重。

当我看到，我很努力地做出的成绩，事实上对公司的发展并没有太多比重的时候，我内心还是会比较失落的。

我其实一直以来都是一个自信、简单、直接的人，因为公司到达一定规模后常见的一些事情，以及自己当年创业做出成绩后却缺少存在感。包括当时创业真的好火，每天都有各种各样的创业信息来影响我。

我终于在过年期间决定，我应该离开了。我这样优质可爱的高端人才要离职，老板肯定会尽力挽留啦！哈哈。不过最终老板想想，我这样的人也实在留不住，迟早会去创业的，也就放我走了。

　　虽然在这家公司待的时间不长，但是其对于我的人生还是具有重要意义的，它是我的第一份工作，是我从 2010 年到 2016 年承前启后的一段重要的时光。在这里，因为各种资源都能满足，无论是技术还是运营人手都够，我的很多想法都能马上得到执行，所以在这里我也摸索了很多全新的获取流量的方式。

　　更重要的是，我看到了一个数百人的创业公司是怎么运作的，重大问题上 BOSS 们是怎么做决策的，还有带团队的过程中也获得了很多管理经验。这些在我后来的创业过程中，都发挥了很大的作用。

　　在楚楚街工作的这几个月，一路野蛮生长，在各个维度的能力上都有大幅度的提升，在对互联网创业的认知上也有了全新的升级。

3.5 在微信上
赚了很多很多钱

　　我离职以后，创业的方向都没想清楚，但是我知道我大概要去做什么。当时，是移动互联网创业最火的时候，几乎所有的创业者都在做 APP，各种 APP 层出不穷。但我的判断是，所有人都在做的东西，可能会有很多泡沫存在。

　　而且市场竞争也会非常大，因为但凡一个不错的想法或领域，就会有几十个、上百个团队在做相似的产品。于是，我决定我的创业方向不走 APP 这条赛道。

　　此时的微信作为后起之秀，用户数猛增，远超微博的用户量，当时已经是中国最大的 app，在移动互联网时代占据绝对的优势，互联网上的用户大多集中于此，*我知道我还是得在微信生态下做一些事情是最快最靠谱的。因为人在哪里，我们就要去拥抱哪里。*

　　来北京之前，我判断微信服务号是创业神器，但现在看订阅号却大行其道，我也有了新的认知，订阅号虽然门槛低，但总体来说微信公众号此时还是在野蛮生长的阶段，我也应该抓住最后的野蛮生长机会进去玩一玩。

我认为要在一个超级 app 或大平台上玩好，你首先得熟悉它的规则，哪些事可以做，哪些事不可以做，哪些事也许未来不可以做，但现在可做。

我当时把整个微信公众平台所有的规则和通知全部打印了出来，仔细研读了一番。在他们的平台上你哪些事情允许做，哪些事情不允许做，规则里都有所体现。

当我们研究规则的时候，就要研究研究他不允许做的事情，为什么不允许做？不允许做的事情往往说明是有巨大效果的事情，那他不允许做，我有没有其他的替代方案来达到同样的目标，但又不违反平台的规则呢？

当时我可能比谁都更了解微信公众平台的规则，他们的产品经理没想到的问题，或者没注意的细节我都想到了，我要在符合它们规则的框架内但是他们没有考虑到的地方，去利用微信平台引很更多流量。

在野蛮生长的状态下，我们得尽快去把微信的流量汇集到我们的公众号里去，所以不管怎么样我们先注册一堆公众号再说吧，于是马上注册了一堆微信公众号。

我们注册的公众号的名字基本都是大众喜闻乐见的名字和话题，仿佛回到了草根站长的时代，这时候我们面对渠道与流量红利已经驾轻就熟了。

我们果断找一些其他微信大号买了一些广告，就让这些大号推广我的号，那时候找他们推广都还很便宜，因为我们都是找的一些个人草根号，这些草根们就和当年的我一样，能赚钱就很不错了，但流量都是廉价地出售。

这种直接花钱买广告积累初始流量的方法非常简单爽快，很快我们有两个号都有了近 10 万粉丝。

这时发挥我们聪明才智的时候就到了，我们要用这些买过来的流量作为基数做我们最擅长的引流工作了。

那时候我就发现，h5（html5）的页面是微信上一个不错的传播载体，因为 H5 是比较新的内容展现形式，用户对这种全新的形式充满好奇，所以在微信朋友圈传播效果非常好。深入研究 H5 一段时间之后，发现 H5 的技术实现并不难，比较适合我来做。

当时我的判断是，利用 H5 来推广公众号，给公众号吸引用户量是最好的选择。根据我做站长的经验，我认为我们如果希望做一个有传播力的东西千万不要做特别复杂，而应该用看似最简单直接，对用户最有冲击力的方式，引发用户点进去关注并且引导用户分享裂变到朋友圈。

很快我们的第一个微信 H5 就做好了，这个 H5 形式非常简单，具体我就不在这本书里说这么接地气的东西了，总之这个 H5 在朋友圈里形成了裂变式的传播，流量惊人，并且很快给我们带来了很多微信公众号粉丝，我们的微信流量主的广告费收入也不断增高。

这种借用微信朋友圈的社交关系来裂变引流的 H5 形式当时是极少有人做的，我们用的方法后来也被很多人模仿，但彼时我们并没有违反微信任何规则。后来这样的方法因为做的人太多，到处都是这样的营销，并且被不少不法分子利用来做不法的事情，对微信生态产生了不好的影响和污染，微信便开始禁止这样的行为。

微信给这种推广行为的定性为："诱导分享"，即用标准化的模型引导用户将特定内容转发至朋友圈，从而形成流量裂变。

但让我很无语的是微信出台这个规则的时候，他们所发出的公告中所用的案例截图竟然也是我们做的 h5 的截图，等于说是我研究出来的增粉方法被微信作为了反面教材，告诉大家以后都不许这样做了。

我们就做了一些看似这样简单的 h5，但其实辐射能力是很大的。现在回过头看，如果没有我之前做站长的经验，没有对互联网用户的深刻理解，抓住 H5 这个新红利的人肯定不是我。所以，积累还是很重要的，任何事情认真做收获的经验往往就会在未来的某个节点发挥重要作用。

当然有一点我要向读者说明一下，我们当时做这些引流 h5 页面的时候并不违反微信的规则，微信是后来才出台相应规则的。我提倡如果有互联网创业的朋友，我们在任何平台上做事情都应该要遵守其平台的规则，不要违反规则。因为违反规则的事情，做不长远。

也许平台本身有规则不完善不全面的地方，在这个情况下，我们也可以在符合道德标准和国家法律的框架内利用，这从另外一方面说，也可以帮助诸如微信这样的平台本身更好地迭代产品和规则！

无论在哪个平台上面创业，我第一件事情就是去了解它的规则，只有了解它的规则，你才能更好地玩好它。就像踢足球有踢足球的规则，打篮球有打篮球的规则，如果一个不懂这些规则的人去运动场上，那他肯定会因为犯规而迅速被罚下。

顺应规则，在规则的框架下做到最好，这是我做开放平台最重要的经验。

3.6 天使投资！

　　那时候的创业投资很火，中关村的咖啡馆里到处都是聊创业投资的，天使投资：A 轮 B 轮 C 轮投资。那是一个有 BP 就能谈投资的时代，投资人也是只要有新概念出来就会投的时代。当时，李克强总理也专门到访中关村创业大街，鼓励互联网创业。

　　我刚从公司出来创业的时候，甚至都没有想清楚我要做的公司到底要做什么商业模式的业务。不过我觉得做点落地务实的事情总归不会错，于是不管三七二十一先搞了一堆有粉丝的微信公众号出来。我的那些公众号，因为粉丝比较多，光靠微信流量主就有不少营收。

　　当时我对创业融资也不太懂，既然搞互联网的好像都要融资，那我也试试呗。反正什么事情都得尝试尝试，不然都是雾里看花，不能了解其中的要领。怎么接触投资人？其实那时的我也一头雾水，不知道怎么开始。

　　我翻了一圈自己的通讯录，在想所有可能接触到投资人的人，然后突然想起了之前有过业务往来的一位投资人。他是一位互联网行业的老兵，是一个很厉害的互联网游戏行业的企业家。

于是我非常直接地在微信问他，我想好好做一个新公司，主要想围绕微信这一块来做，您有没有什么可以帮到我的地方。

因为我和在之前就有过接触，他很爽快地告诉我"我投你，其他能帮的都帮。"这是原话，几天后我就去望京找他，把我初步的计划告诉了他，他说他愿意帮助我创业，也将拿出真金白银支持我，于是我的第一轮天使投资就这么完成了。

投资人能这么爽快地决定投资我，这是因为我们之前就打过交道，有过交易，他向我买过我的公众号，知道我们是有一定实力和互联网业务基础的，所以才会很爽快地决定投资！

其实媒体上有很多不靠谱的创业故事，都会讲述某个成功的创业者，他在找投资人的时候，投资人 15 分钟就决定给他投钱。其实这样的故事多半是不靠谱的扯淡，投资是一个非常复杂的事情，投资决策是一个漫长的决策过程，毕竟投资人需要真金白银拿钱出来给创业者烧。

首先，投资者要对创业者的创业项目做深度地研究评估，第一个要评估的就是这个项目的可行性，也就是这个项目在现在的市场环境下能不能做成。这个在专业的投资机构，是有专门的投资经理去做市场调研的，调研结果可能还需要经过反复讨论。

另一方面就是这个项目在未来是否有较大的增长空间，因为投资人做投资是需要看回报率的。很多时候，即使投资机构觉得你这个项目可行，但是它在未来不具备快速增长的空间，投资人可能也不会投，因为回报率比较低。

完成项目本身的评估之后，投资机构和投资人还会对创始人以及创始团队的情况做评估。因为即使这个项目前景不错，创始人和团队不行，也很难把事情落地做成。所以如果 15 分钟就能决定给一个陌生的创业者投资，那也一定是一个不成熟，不专业的投资人。

但我这个投资人，他还真就跟我聊了 15 分钟左右就决定给我投个几百万的天使投资。当然这一切都基于这个投资人对我并不陌生，有过交易，而且他也非常信任我。他知道我是有一定互联网基础的，也知道我之前做站长创业几年就实现财务自由的经历。

而且我当时也有不错的团队基础，大学跟着我一起创业的几个核心成员也都来到了北京，这些一起打拼做事情的小伙伴做事情都很落地。

对于早期的天使投资，特别是个人投资而不是投资机构投资，其实就是投人，就如同自己拿钱和靠谱的朋友一起合伙做生意，永远是把钱给你最熟悉了解信得过的人，所以信任度很重要，有的时候你的项目可以不完美，但信任度可以盖过不完美。

当时我的项目说实话也不是很完美，商业模式也没有非常清晰，我对资本的认识也是非常粗浅的，因为之前确实没有融资的经历，所以也是一步步在摸索。

我和投资人在北京成立了一家新的公司，我们的业务发展不错，盈利能力非常强。但说实话，我们的基因还是把互联网当成一个现金生意在做，不太会玩概念，不会讲故事，也没有花时间去做公关宣传。因为一直专注在自己的业务上，也没有空到处去找人持续融资。

其实选择了融资这条路的话，就得需要有持续融资的能力，我们后面也是见了一些投资人的。但是大多数投资人的逻辑和我这样的生意人的逻辑往往是不同的，在创新创业的大潮下，我们这样务实的互联网现金生意显然不符合一部分投资人的价值取向。

　　用投资人的话说就是我们的项目"不够性感"，"想象空间不够！"，也确实，我融一些小钱还可以，要融大钱，现阶段确实还欠缺。

　　所以说，我们这家融资的公司最终也没有做好。而且我依然没有认死理，没有倔强地撑到最后，我发觉这个条路不适合我们以后，我就和我们投资人如实地说了情况，为了避免损失，我把账户上还有不少投资款也返还给了投资人。

　　我不是一个固执的人，如果发现一个事情确实进展不好，已经确认没有机会了，我从来不会为了面子认死理，硬撑下去，这样只会让损失扩大。顺应事物的发展，及时止损，调整方向才是更明智的选择。

　　经过创办这个公司以后，我内心对于接下来的发展方向，其实又有了更明确的认识！回归初心，再一次由虚向实，回到最初的起点！做好小事情，当好隐形冠军！

3.7　只接受
　　　对等的合作

　　我们每个人身边肯定都有一种人就是爱混各种圈子，整天这个人他认识，那个人是他的朋友，恨不得说到任何人和事都能和他扯上关系。

　　但这类人我观察了一下，多半真正遇到事情的时候，要么屁大点事都搞不定，要么就是屁大点事都要搞得大张旗鼓的到处寻找关系。

　　很多创业的人、做生意的人尤其如此，他们仿佛脉动一般，整天热衷于搞各种人脉，认识很多很多的人。但说实话，在一个人的生意没到达一定程度之前，这些东西都是扯淡的，基本没有任何实质性的用处。

　　人脉确实有用，很多时候都会发挥非常重要的作用。但是人脉发挥价值，有一个很重要的前提条件，就是自己需要有交换价值。如果说自己不能提供价值，即使认识很多人，那也没有意义。因为合作的发生，肯定是双方都能提供价值，然后创造共赢的局面。

　　我又观察到，我身边很多有钱的大老板小老板，他们其实认识的人并不多，也很少到处搞社交。但有个特点就是，他们的人脉虽然少，但他们的人脉都是极其稳固强烈的人脉。我觉得他们才是真正懂得社交的人，从来不浪费时间盲目社交。

　　把更多的时间专注到自己的业务上，将大部分精力放在打造自己的价值上，这样业务只会越来越好，而他们能提供跟别人交换合作的价值也越大。这样，他再根据自己的业务需要去社交，建立人脉关系，谈合作都是非常容易的事情。

　　说实话，人脉重不重要？我认为异常重要，没有人脉，做生意真的太难做了。因为中国从古至今，一直是一个重家庭关系、社会关系的民族，特别是业务越来越大的时候，整个业务链条很长。

　　在中国做生意就是得靠人脉，稍微大一点的生意，就是一小撮人合力把一个生意抬起来，大家一起从中赚钱，一起分市场的大蛋糕。单靠个人的单枪匹马，没有团队，没有合作伙伴，没有利益共同体，那基本不可能做好。

　　但这样的利益共同体，哪里是简简单单的点赞之交、跑会之交、同群之交、喝茶之交、烧脑之交可以达到的？

　　我本人很少混迹各种圈子，没空去参加各种会议、活动，更不会像脉动似的，整天想认识这个人，想认识那个人。那些空洞的社交，我几乎都不参加。

　　经常有朋友喊我吃饭说：晚上有空来 xxx 地吃饭吗？那个很有名的谁谁谁也在这里。这种情况我一般都会拒绝。因为你有名关我什么事？我暂时又不想和他成为真朋友，在利益方面，我们也没什么关联，大老远穿越半个北京、上海去脉动，我没兴趣，也跑不动。

　　相反有的人，我们没有利益关联，没有发生生意关系的可能，但我们在某些地方上相互欣赏，其或许是一个很出色的作家，画家，美食家。我们互相欣赏，愿意互相学习，那我也很愿意与其成为真朋友，这个是建立在真诚的相互欣赏之上的，我觉得也很好。

但若仅仅是为了微弱的脉动一下，那实在是没什么意思。

对于商业利益领域的社交，我的原则就是只和互相有信任度，并且可以推动共同利益的人社交。

以前我们总说，朋友之间有为了利益在一起的不是真朋友。但我认为因为互相的利益才紧密联系在一起的朋友反而是一种更靠谱的友谊。共同的利益会让人和人之间的关系变得更加稳固和真实，有共同利益的朋友往往都是真朋友。

大家目标明确一起赚钱，一起玩儿。人脉不在于多，而在于精，都是各自的关键人物，我们在一起，互相取暖，共同去把我们的生意一起抬起来。

其实真正做实事儿的人，哪儿有空整天搞各种盲目无效的社交啊，但做实事儿的人也一定都是有社交的，都是一些真正紧密的圈子，大家因为有实际且明确的业务需求，各尽其能一同去追寻利益。

都不能一起追寻利益，躺在朋友圈里点点赞的人脉，那也算是人脉吗？

共同追求利益也完全不是低俗的事情，反而是最真诚稳固的同盟关系，我们一起赚钱，我们也愿意为彼此花钱，我们真诚地希望对方能更好，因为他更好，我也会更好，我们的关系比谁都稳固。

在中国做生意，需要一小群人团结协作共同把生意抬起来。

3.8 浮躁环境中
对自己作出的严肃目标

　　在北京创业的过程中，陆续也碰到过不少坎儿，譬如天使投资人的投资意向发生改变，团队方向调整等等，后来我在北京也搞了两三个项目后才渐渐又找到感觉。

　　在这个过程中，我体会到的最大的教训就是：我们创业做事情，一定要根据自己的实际情况做出理性的判断，千万不要被媒体和环境所影响，千万不要被原本就和我们不是一个赛道上的人所影响和干扰。

　　就拿创业融资这件事情来说，其实创业根本就不一定需要融资，或者说不需要那么快的融资。一个真正有实力的公司是能够具备自我造血能力的，是能盈利赚钱的。就像我以前做过的很多项目给我带来了很多可观的收入，但那时根本就没有"融资"的概念。

　　而现在各种创业媒体整天就在曝光"xxx 公司又融了多少钱"，"xx 公司又获得了 x 轮的融资"，这些可恶的公关新闻如同洗脑一般让整个创业生态都变得很浮躁。搞得好像互联网创业没有融资就完全不能开展下去一样。

连我那时候都觉得，互联网创业没有资本的推动就完全继续不下去，所以我也拿了一轮天使投资。

但很多时候我们踏踏实实想做的事情根本就用不上很多钱。反而拿了投资以后，出于对投资人负责的心态，做很多事情会更谨慎，而且投资人投资一个项目是希望你快速扩张然后获得下一轮投资，在你的股份溢价中获得利润，其实这个风险对于创业者来说是比较大的。

而且有的投资人在你的股份中占比比较大，如果又帮不上你太多忙的话，会让你失去做事情的动力。像我这样的创业者尤其不适合拿投资，我自己也不缺钱，我要是拿自己一些少量的钱去租个办公室招几个人，然后踏踏实实把业务做好，那收入会很快超过天使投资的资金，所以我在拿了天使投资以后做事情也没有做得很好。我后来想通以后就把一部分资金退给投资人，自己从头开始去做最务实的事情了。

而且当我拿了一轮投资以后，我必然需要去获得下一轮的融资。所以在这个情况下，我也需要去见一些投资人，但当时在那么浮躁的背景下很多投资人对能有稳定营收的好公司其实并不感兴趣，他们很多人都希望我去做一些"风口"上的事情。

他们口中当时的风口就是"o2o"、"共享经济"这些虚头巴脑的东西，这些词语现在说起来我真的挺想笑的。说白了就是上门洗车，上门按摩，上门送水果，上门送餐这样的项目。的确，我当时在中关村的时候，每天上班上下电梯，电梯里全是各种新型o2o公司的广告，然后出了大楼的门全是各种o2o公司在搞促销，扫码送礼品，扫码送现金，下单免费等等。

当时真是一个泡沫横生的乱象。

这些公司本质上是没有任何的盈利能力和造血能力的，仿佛都是在鼓吹一个商业泡沫，然后吸引资本来烧钱续命，但能续多长时间，谁也不知道。不过他们当时非常风光，创业媒体上每天都在曝光又有哪个 o2o 公司获得几千万、几亿的投资，每天都是这样的新闻。

在这样的环境下，我们作为一个创业者来说，内心必然也会受到干扰，被弄得有些浮躁，我们内部也讨论过多次，我们要不要去做一个风口上的事情，要不要也做一做 o2o。

但想来想去，我觉得不靠谱，我判断目前这些互联网公司大多都是根本没有持续续命能力的泡沫，一旦等资本的风潮冷下来以后这些公司都会死得连声音都没有。因为我看过不少金融类的书籍，其实在历史上这样荒诞的产业泡沫、金融泡沫有过太多次了，但无一例外的都会有泡沫破灭的那一天，并且一切都比想象来得更快。其实很多大的投资机构、财团，我相信他们都很清楚这些游戏规则，无非都不相信自己是最后的接盘侠而已。

而我想来想去，我觉得我不应该参与这些泡沫盛宴，因为以一个创业者的身份去参与这样的泡沫与投资域名投资股市不一样，那些不用浪费太多时间，而创业融资往往是把自己当成一个标的参与到这个泡沫中去，这是要浪费大量时间的，而我现在最珍贵的就是时间，所以我应该趁着年轻练好内功，继续把别人看不上的事情做得最好，不去触碰这些我们并不熟悉，而且明显不靠谱的泡沫。

在北京创业起步的时候只有四个人开搞，基本都是从苏州一道来北京的小伙伴。那天我们租好房子以后，我给他们拍下这张照片，我们把公司选址选在了中关村的核心区域。

　　我们很快买了新的办公桌椅，几个人连夜把办公室弄好，希望尽快开干。当时我们已经确定了接下来要做的事情。

　　很快办公室也弄好了，办公室上下两层能坐 10 个人。我们很快也招了几个员工开始开展工作了。

　　因为我们公司离中关村创业大街非常近，我也经常去创业大街走走，我会和这些创业者们聊天，我发现这些创业者基本上都有个特点，就是可能自己已经穷得连饭都吃不起了，租住在北京的地下室里，但是说的东西，都会说得特别大。

　　他们常说的话是："我这个项目，一旦做出来，肯定是要颠覆淘宝，颠覆微信，颠覆 qq 的……"

　　他们把一切都想得那么简单，但又没有务实的作风。你如果问他们说："你既然要颠覆淘宝，那你为啥还不做出来赶紧去颠覆呢？"

　　他们会趾高气扬地告诉你："我现在就差个程序员帮我实现了。"或者是："我现在就差个投资资金了，对了我只接受知名机构的投资，一般的投资我不要的……"

　　其实那也就是一两年前，我也就二十二三岁，但我已在互联网上赚了千万了。我就在想，我和这帮住在地下室的家伙到底有啥不同呢？想想区别太大了。我虽然比他们获得的利润多，甚至业务能力都比他们扎实，但我们所具备的，他们却看不上。

我是能够快速迭代自己的人，并且我从来不把自己太当回事。

我做第一个美术高考网站的时候也有一些理想主义，制定过很多不切合实际的宏伟蓝图，但发现现实的残酷以后，我就马上调转船头，马上纠正自己，不犯偏不浪费无谓的时间，让自己更落地的做事情。所以我能赚钱，而固执的人却没有这样自我迭代的能力。

所以在那个浮躁的环境下，我也很快让自己变得清醒，我给自己定下了一个严肃目标：

无论这个环境里，别人想要颠覆什么，不管市场又出现了什么奇葩的概念，无论别人融资融了多少钱，我都不应该受到干扰。

我要做一家天塌下来都能赚钱的公司！

我这家公司不管别人怎么说，不管别人是否看得上，我都要保证他有稳定的现金流，稳定的盈利。我的公司暂时不接受，也不寻找任何的投资，现阶段不需要任何的融资。也许我这家公司在"高大上"的人眼里会很 low，很俗，只想着赚钱，但它必须是一个有顽强生命力的公司，它的稳定营收可以支撑我去做很多其他的事情，它必须是一家最务实，最可靠，有稳定模式的公司！

为了做出一个这样的公司，我又努力了一年多，我今天回过头来看，短短一年多的时间，那些投资人口中的大事业的 o2o 公司已经基本倒闭光了。创业圈里的资本寒冬真的来了，对于很多人来说，真的是天塌下来了，但却与我再也没有半毛钱关系，因为当时我就告诉自己，我的目标就是要做一个：天塌下来都能赚钱的公司！

3.9　做一家天塌下来
　　都赚钱的公司（一）

　　我说我要做一个"天塌下来都能赚钱的公司"。这看上去像一句很简单粗暴的话语，但深入进去理解其实这句话涵盖着我对我过往几年来的一种思维升华和不足之处的反思，同时也是我对未来互联网创业的判断。

　　我认为一个创业者，企业家，商人。他的天职就是做出一个有价值、能产生利润的事业。如果一个商人做一个公司而不追求赚钱，我可以说这个商人的品德是有问题的，因为你若不追求赚钱你可以选择去做慈善，你也可以选择去做更有情怀的事情，但你做一个商业化的公司不追求赚钱，那你的居心何在？你凭什么对你的员工、投资者和客户负责？有人会说，我创业是要做大，做上市，所以我不追求赚钱。

　　那如果你完全不追求赚钱，你上市的目的是什么？他会告诉你：我上市以后我可以赚股民的钱。这句话的意思其实就是说，我公司不赚钱没事，但我上市以后就可以骗取股民的钱。你创业的终极目标不是为了创造价值而是为了上市圈股民的钱，这样的创业者品德难道没有问题吗？不想着从自己的商业模式本身获取正当的利润，而只想着在资本市场圈钱，这样的创业者能走多远？

我觉得一个真正靠谱的企业家，是应该追求赚钱，追逐利润的，他的公司可以暂时不赚钱，但是必须得把赚钱和持续盈利作为目标，这是选择成为一名企业家必需的天职。这在我定的目标里也明确地体现了出来，我就告诉自己：我要做一家天塌下来都能赚钱的公司。

当然光满足"能赚钱"的标准，其实也不是一个好公司，我觉得还要满足另一个标准就是"天塌下来都能赚钱"，满足了这两点，基本就是真正的优质资产了，而我就是要做优质资产！

前文里我介绍过不少以前我做过的赚钱的事情，大学期间就给我带来了丰厚的收入。但是那些项目赚钱是赚钱，但却没有满足"天塌下来都能赚钱"这个标准，也就是说那些项目只是一时为我带来了收入，却没有成为一个真正的优质资产现金奶牛。

比如做淘宝客，尽管当时我们给淘宝客带去了很多流量，也通过淘宝客赚了很多钱。但这样的业务就不是资产，因为在淘宝客这个产业链中，掌握核心环节的还是淘宝官方，我们只是这个链条里很小的一环。

一旦淘宝官方的政策发生变化，对我们这种下游环节的业务就是毁灭性的打击。像这样只是掌握了边缘环节的业务，那么随时会因为其他因素就进行不下去。所以，这样的业务就不是优质资产，不可能长久持续地赚钱。

当然以前毕竟是一步一个脚印地在探索实践，思维各方面都不够成熟，做过很多的事情，但没有哪件事情是真的建立了巨大的壁垒，以至于能够依靠其商业模型长久稳定地获得利润而形成优质资产的。当然那时的决策都是没有错的，不同的阶段具体的情况是不一样的，过往的经历都是我人生的必经之路。人生的阶段差异是很大的，不同阶段的策略和目标都应该是有差异的。

我其实在整个创业生涯中也是走过不少弯路的，我的弯路不一定表现在比如我亏损了多少钱，我也没亏过什么大钱。但是可能原本我能赚一千万的事情，因为做出了错误的决策而只获得了一百万的回报，这是一种弯路，当然弯路也都是人生的必经之路，我从不为我走过的弯路而后悔，因为人生的每个阶段都必然有每个阶段的价值。

做一家天塌下来都能赚钱的公司，这个目标也不是说，我就只做一件事情，在一件事情上死磕。而是会开始有意识地建立有壁垒的业务，这些业务是稳固的，不太受外界影响的，能够真正持续发展的业务。因为有这样的业务支撑，整个公司整个团队才能稳定地走下去。

我告诉自己，我接下来依然可以同时做很多的事情，我依然可以尝试各种不同的方向，做各种各样的投资，我可以什么赚钱做什么。但是必须要有一块业务是真正形成壁垒的优质资产，是我天塌下来都赚钱的业务。

经过一两年的打磨，我想我现在的公司已经在往这个方向迈进了，我现在的公司相比于大多数创业公司，盈利能力是很强的。

并且我开始更关注公司底层根基的建设，现在的公司也是在一些很小的领域里突破，但我的心态就是要深挖洞，广积粮，真正把事情做透。我个人该赚的钱也已经赚过了，我们不再追求任何快钱，但必须追求赚钱。

一个只能赚一段时间钱的事情，我的兴趣已然不大了，必须要做优质的资产，天塌下来都赚钱的公司！

3.10　做一家天塌下来 都赚钱的公司（二）

　　每天早晨，当你来到一家夫妻小店吃早饭，你或许会看到这家小店的老板和老板娘夫妇俩此刻正在忙碌地招呼客人，打理着这个小生意，或许他们会为此感到很幸福美满，安贫乐道。但从商业的角度来说，这样的商业模式确实只是一个小生意，而不会做得很大。

　　但当你走进麦当劳、星巴克的门店时，你会发现他们的员工此刻也在井然有序地工作着，在全世界他们有数万家门店，但此刻他们集团的老板或许正在某个海岛上悠闲地享受着假期抑或是正在某个高档写字楼的办公室里面对着电脑注视着集团的股价走势。

　　为什么夫妻店的老板只开一家店却还要亲力亲为忙碌一切事物，而数万家店铺的跨国连锁餐饮集团的 boss 们也没有分身的本领，但每个门店依然可以井然有序地运作呢？

　　道理很简单，因为后者的生意是标准化的，他们的生意早就建成了一个模型，这个模型包含着商业模型和管理模型。也就是说他们的门店是可以根据一个模子去不断地复制粘贴的，并且员工的工作流程也是有明确的分工与量化指标的。在正确模型的框架下，老板无须在门店里，但是生意仍会有条不紊地开展。

我说：要做一家天塌下来都赚钱的公司。我对我个人未来的规划，从商业角度上说，我希望我能成为一个具有多元化经营能力的企业家与投资家。

也就是说，我不会仅仅只满足于做一件事情。

譬如李嘉诚就是一个多元化经营的企业家与投资家。他的一生在商业领域不仅仅只满足于做一件事情，而是会涉足各个领域与各种赚钱的产业。

但要成为这样一个多元化经营的企业家，你虽然能涉猎各个领域，但你至少有一件事情是要能够天塌下来都能赚钱的，这一件最重要的事情，你必须要把它的模型建好，建得最完善！因为只有把这件最核心事情的模型建好，能让它自己去运转，你才能抽出身去做更多元化的事情。

其实在过去的一年多里，我一直在给我的公司建立模型，建立一个稳固的商业模型与员工的管理模型，并且已经取得了明显的效果。这个效果就表现在，我最近在写这本书的时候，为了避免被打扰，我都是在家里或某个安静的咖啡馆里写文字．

譬如此时此刻写这一节的时候我正坐在上海衡山路上某个安静的茶馆里，但此时此刻我位于北京公司里的同事伙伴们正在有条不紊地运转着我们的生意，我在公司和不在公司几乎没什么区别，我完全不需要时时刻刻地盯着他们，我可以抽出时间去完成其他更重要的工作。

因为我已经将我们公司业务上的所有流程环节清晰地拆解开来，让每个环节都变得非常标准，同事们有明确且固定的

kpi与具体的任务划分，公司有专门的leader去管理员工的工作进度，并且我可以通过先进的互联网工作app实时地布置任务，观察进度。

我希望能达到的目标是我只需要对公司的工作做一些，调度性的工作，而不需要花大量的精力在更多的事情上亲力亲为。

很多创业者企业家，他们每天都工作得非常疲惫，包括刚创业时的我也一样，很多比较成功的企业家也是如此。但我不想那样，因为我相信一个先进的公司，boss是可以不用像一个夫妻小店那样，每天亲力亲为所有的事情，而应该编好一套模型，让员工和伙伴们去发挥自己的聪明才智。

其实要达到这个目标，我们也是要做出非常巨大的努力的，很多人做事情都不放心把事情交给别人去做，有的人就连采购都不放心别人去采购，生怕员工占了你的便宜。而当把很多事情交给别人去做的时候，或许他们真的会出很多问题，不能让你满意。

我以前也是这样，所以很多事情都要自己抓在手上亲自操刀，但长此以往后你自己会越来越累，越来越忙，效率也会越来越低，所以我开始反思自己，为什么员工们工作没做好？其实大多数时候都是我们自己的问题，我们自己的模型没有建好，工作流程没有梳理清楚。所以后来我在模型上花了时间去梳理，开始敢于把事情交给别人，即便自己能顺手做的事情，我也要锻炼员工，让员工去完成。这样的习惯养成以后，逐渐就进入了在模型上运行的正轨。

在一个模型上运行的公司事实上就形成了一个能够自动盈利的系统，公司每天可以自动地去赚钱，而我个人也可以把更多时间抽出来去研究新的事情，架构新的商业模型。

现在只要是符合我的价值观，并且符合道德与法律的事情，我都有兴趣去参与或投资，去编写新的商业模型。

譬如 2016 年的下半年我顺手成立了一家新的公司，这家公司的主要业务是做日租房的出租。我们能发挥我们的流量思维去把日租房业务做得比别人都好，现在这个公司运转得也很不错，每个工作流程也都是标准化的，包括找客户，入住，打扫房间等等，员工并不多。

这家公司在北京管理着 20 多个日租房，并且商业模式还在持续地扩大复制，它每天都能为我产生一些利润，最主要的是不要我操太多的心。

除了日租房的公司，我还做了一家微信群淘宝客公司，这家公司营收也很好，并且模式也很标准，我不需要每天盯着电脑，而是把淘宝客的一些流程梳理给员工，把流量接入，让员工去执行就行。

另外我还做了一个区块链投资咨询公司。接下来我还会同时做更多的事情，但是每件事情，我都会把模型建好，我相信好的模型，都可以轻松地为我带来回报，而无不需要我再亲力亲为所有的事情。

当然虽然这些业务也都是盈利能力很强的，但他们并不是我的核心业务，我的核心业务便是互联网流量供应商，这一块业务我是要保证它天塌下来都能赚钱的！也正是因为有核心业务的支撑，才让我有资源，有资本，有时间再去做其他各种各样的事情。

第四章

现在在做的事情

4.1　社群是
互联网地产

2016 年初，我从北京西边的中关村搬到了东边的朝阳区，这里还稍微像一个城市的样子。之前一直住在西边其实挺不习惯的，虽然是所谓的科技与互联网中心，但我感觉一点都不像城市，生活一点都不便利。

相比于北方，我其实还是怀念草木繁盛、环境宜居的南方。我每次回苏州看到园区里的楼盘，看到我家的小区，我就在想，这些小区要是放到北京，估计个个都是高档小区了，北京的西边，中关村那一带感觉连个像样的小区都没有。

搬到东边以后，小区多少还像个样子，我一开始住在一个叫远洋天地的小区，这小区挺大，住户有不少，光小区里就有各种各样的商业、店铺和中介。

我当时就在想，这线下和线上区别还真大。线下就单单一个小区里，光干洗店就有好几家，水果店有好几家，中介更多。

但这么一个小区里了不得也就住个一两万人口。在我的思维里，一两万人口如果放在互联网上其实是一个很小的数量级，我以前做网站，做公众号，动辄都是十几万、几十万的日 ip 流量。

如果说一个公众号，或者一个网站每天只有一两万访问量，那只能算比较小的规模了，商业价值也不会特别大。

但我住的这个小区却给了我非常多的思考和启发，我就在想，随着移动互联网深入人心的发展，其实以后互联网上的场景可能会越来越趋近于这样的小区。

像我小时候，那时候说到互联网，都说是虚拟世界，互联网仿佛就是一个虚拟的乌托邦，每个网虫仿佛都戴着一个面具隐藏在计算机后面，他是谁？是男是女？都不得而知，互联网上的一切都是那么神秘，给人无限遐想。

但今天又有多少人会觉得互联网是一个纯粹的虚拟世界呢？今天的互联网已经深入地走进了每个人的真实生活中。

所以过去一个日流量一万的网站没有多少商业价值，但在今天和以后，可能会越来越有价值，因为对于普通网民来说，互联网更多还是一个熟人的世界，移动支付也便捷了，大众对互联网也深度认同了！

以前互联网上只有大流量才值钱，但今天小流量也值钱！

但我认为小流量值钱的前提是"小流量"要有"强关系"！也就是说，今天你在互联网上，你的用户可以很少，可能只有几千甚至几百个人，但是你的用户具有非常强的黏性，并且你和他们的关系也很密切。那你的流量虽然很小，但是也会有很大的商业价值。

社群其实就符合这一特征！今天的我非常看好社群以及社群经济。我觉得社群和社群经济绝不仅仅只是一个概念，而是已经切实地来临，可以落地做具体的事情了。

当然我们要是随便拉一个微信群、QQ 群，这其实不能算作是社群！这只是产品形态上的一种"群"或者说是"讨论组"。

　　我所说的社群，是群主与群友间有深厚的关系，有稳定的群体结构和较一致的群体意识，群友与群友间可以互相连接，在某些领域有共同的标签、属性。

　　而至于微信群，这样的东西，它只是建立社群的工具而已。

　　美国有个很知名的互联网观察者叫凯文凯利，我其实一般不过多看这些评论家的言论，但是他有一个观点我很认同。

　　他说：一个人，只需拥有1000名铁杆粉丝，那你无论创造出什么作品，这些粉丝都将支持你，你便能以此糊口。

　　我认为这是有道理的，当然是要1000名真正强关系的铁杆，这些铁杆要是可以形成一个社群，这个社群配合精细化的运营服务,就能持续地产生价值,社群本身就是真正意义上的互联网资产。

　　因为它其实是去中心化的，它不会被任何其他场景所束缚，我认为互联网的场景大致分为如下序列：

　　硬件（如pc，手机）＞操作系统＞超级APP（如微信，微博，支付宝）＞终端场景（如公众号，微信群，淘宝店，头条号等等）

　　其中每一个场景下均有商业机会，而终端场景的门槛比较低，啥叫终端场景？就是用户最后一层看的东西，比如你有一部手机，手机上装有安卓的操作系统，你不会每天盯着操作系统看，最终看的还是操作系统里的app里的内容，而这app里的内容就是一个终端场景。比如做一个公众号谁都可以申请，门槛就很低，社群看似更简单。

　　但其实社群和其他终端场景实则有非常本质的区别。因为其他终端场景其实都是依附于它上一级的超级app存在的，一旦上一级的场景自身没落，比如微信有一天不好了，那你做的终端的微信公众号肯定也没啥用了。或者超级app对其进行打压，政策上出现变化，对终端的场景就会有很深的未知影响，比如你做一个微信公众号，你的命运其实是掌握在微信手上的，你哪天惹它了，它随时可以封掉你。

这一点我是有过充分的教训与体会的，我们曾经做过很多很多的流量，但是早期的很多流量今天去哪儿了？有的早就随着互联网格局的变迁而湮没了，所有流量只是赚了钱，却没有真正给我形成一个长久的互联网资产。

而社群和那些形式却完全不同，看似社群好像也是互联网场景序列中最终端的场景，甚至还不及公众号。

但其实真正的社群，我认为是最高层级的场景，它在硬件场景之上，因为一个社群一旦形成，它是不会被平台本身束缚的，你的命运不会被其他平台所影响。

打个比方，我们组建了一个有价值的社群以后，如果微信是互联网的流量中心，那我们可以在微信上玩。如果有一天微信没落了，"猫信"成了互联网流量中心，那我们可以整体迁移至"猫信"，因为群主和用户的是强关系，所以不会被平台和场景束缚。

而且我认为做一个社群，对于大多数朋友来说也不是特别困难的事情，门槛较低，但价值大。

我们做社群，不是说一定要做一个什么组织，或兴趣小组。其实我们本身的生意中，生活中，可能就有很多可以形成社群的事情，比如说我有一辆特斯拉的车子，我对这辆车比较懂，那我就可以组织一个特斯拉的车主社群。比如说我是在线下开服装店的，那我就可以把我的顾客组织到一个社群，然后去精耕细作这些社群，这些社群就会给你带来回报。

这是我眼中的互联网资产，也可以比作互联网地产，现在已经在布局这一块了，我前面说要做一家天塌下来都赚钱的公司，要在互联网上做到那样，你首先就不能把命运掌控在其他大平台的手上，必须要有长期稳定的用户，社群显然是最优方案。

4.2 影响力 是未来货币

这几年媒体上对未来的判断，渲染得比较多的话题是：人工智能，物联网，虚拟现实，增强现实这样的字眼儿。或许这些在未来真的是主流，就像今天的电脑、移动互联网和智能手机一样普及。

但遗憾的是人的精力和关注的点永远是有限的，今天的我还年轻，但是我们迟早也会老去，我们势必无法抓住每一个变革和机会。新的技术，新的理念只会层出不穷，我们其实是没有能力去学习所有的东西的。

而且大部分技术变革的行业，所有大公司都在盯着，可能这个产业是时代的机会。因为它们竞争太大，需要整合太多资源，这些机会不一定是一个人可以轻易抓住的。

但是无论未来会出现什么新东西，也不管未来什么是值钱的，我的想法是，至少有两样东西，无论未来出现怎样的变革，但这两样东西是值钱的，并且我现在就可以抓住，朝着这个方向努力：

　　第一个就是钱，钱本身肯定是值钱的，现在努力赚钱肯定没有错。未来不管出现什么人工智能、物联网，还是虚拟现实。这些新时代的产品和技术，钱都可以买到或体验到，我们都可以用钱去布局，所以我要建一个天塌下来都赚钱的公司。

　　并且未来的事情，我自己即便没有能力去做，但是我有钱，我就可以拿出真金白银去支持比我们更年轻、更优秀的人去做，去成就那些专业领域的创新者。就像今天很多天使投资人，徐小平老师，李开复老师，他们年纪虽然都大了，对于今天的新生事物他们也不是真正懂很多，但是他们有核心的东西嘛，他们有钱，有子弹。

　　有钱事实上还是可以做很多事情的，某种程度上说有钱就不会被瞬息万变的世界淘汰得太快，它是做所有事情的物质保障。

　　另外什么也是未来货币呢？我想来想去，应该说影响力是非常重要的未来货币，影响力绝对是可以在未来当钱花的最重要的资产之一，它是可以为我们带来持续收益的重要资产。

　　2017 年春节期间，我去看韩寒的电影《乘风破浪》，我就在想韩寒的影响力真是大，一方面他很幸运，年纪很小的时候就出名了，而且他是靠写作出书而出得名，是靠输出才华而得名，这种名气是非常正面的，其实这一点很重要。

　　有的人可能出名很早，但因为出的名都是 low 名，纯粹以粗鲁的言论或者夺人眼球的丑态而得名，这往往是 low 名，这样的名想要转化成影响力，难度较大。但韩寒出的名就是好名，让大众心生佩服和向往的好名。

　　另外一方面韩寒也一定是一个智商很高的人，虽然现在我们还不认识，没有和他交流过，但我知道他很聪明，他很知道利用他的影响力去做很多事情。尽管他是一个作家出身，但是却可以用他的名气和他的影响力去开赛车，可以做 app，又是一个很牛的自媒体，还可以拍电影。这足以看出来一个人的影响力是有多么大的未来想象空间！

所以说如果要赚钱的话，他的名气和影响力足够他赚几辈子的钱了。无论科技怎么进步，时代怎样变化，只要影响力经营得好，随时都是可以转化成更多的价值的。即便所谓的什么人工智能，机器人时代来临的时候，韩寒都不需要懂怎么建造一台机器人，但他驾驶的机器人肯定比一般的机器人要厉害一些。

当然对于我们普通人来说，每个人都变成韩寒当然是不现实的，我本人也很难取得这样的知名度和影响力，但是我认为在这个时代里，影响力不一定是要在很大的范围内，不一定是要有海量粉丝的。

就像我上节里所说，互联网流量精细化时代已经来临了，我们哪怕仅仅只有一个真正意义上的社群，哪怕只有一千名铁杆群友，我们的影响力就集中在这个社群中，那未来也是一个很优质的资产。

这也是为什么我要开始写这本书，其实也是这个道理。过去我曾经是一个互联网小领域里的隐形冠军，我是很低调的，从来都不张扬我所经历的事情。因为我过去一直认为，踏踏实实做事情，才是最重要的，因为只要提供价值就一定会有收益。

所以，以前的我总是闷头做事情，只要是确定要做的业务，无论是多么细分领域的事情，我都会把全部心思放在业务上，把事情做到尽善尽美。于是，就不太关注自己的影响力或名声，当然，那时候也确实太忙，完全没有精力去想名声的事情。

而今天我不是说，要开始高调，要开始包装自己了，而是因为我切实地看到影响力就是未来货币，我在赚钱的同时，我也需要为自己赚一些未来货币。并且我认为我所经历的事情以及我输出的思考，对于很多人来说也是具有重要价值的。

26 岁的我，就有过将近 7 年的创业经历，一路摸爬滚打走来，不能说有多么成功，但这些经历积累的经验是非常值得分享的。写下我过去的创业经历，以及成长路上的思考，对于很多和当年的我一样想创业但不知如何开始的朋友，肯定有很多意义和价值。

把自己成长经历里有价值的东西，对别人有参考意义和借鉴价值的东西输出出来，提供给大家有用的东西，这在我看来是建立自己影响力的最好的方式之一。

所以正在阅读本书的你，也可以思考思考怎么建立属于你自己的影响力。你的身上也一定有很多的闪光点，其实你也可以输出你的闪光点和价值，哪怕只是建一个高质量的群，或者写一些有价值的文章，就能影响一些人，而当一个有心人，把这些影响力经营好，以后就是你的一笔大财富。

4.3　写作是
最好的编程

　　我学生时代就开始写作，到今天在互联网上还能找到一些那时候我发表在网络上的小说、散文、杂文等等，但后来因为从事了互联网创业，渐渐写作写得少了。

　　但是我没想到在今天，我竟然又重拾起了写作的技能，并且我觉得互联网＋写作，简直就是这个时代异常重要的技能之一，这个技能和爱好给我派上了非常大的用场！

　　前面说过在互联网精细化运营时代里，社群和影响力是未来重要的资产，而无论建立社群，还是构造影响力，你必然都需要有你的输出，而写作无疑是成本最低的输出方式。

　　去年我在 36kr 和虎嗅两家科技商业媒体上发表过一篇文章，题目叫《高维度的"内容创业"是把内容作为编程语言编成有商业价值的功能》，两家媒体都把我这篇文章放到了当日头版头条的位置。

　　我在文章里提出一个观点，移动互联网时代，写作就是最好的编程。

仅仅过去一年多的时间，今天互联网的商业环境和当时又发生了一系列的变化，越来越多的自媒体平台层出不穷，巨头互联网公司们都认识到了内容的重要性，有写作能力的人，其文字就可以分发在这些平台上面换取流量与用户注意！

今天随着我对内容的认知加深，我也越发确信了：写作确实就是移动互联网时代最好最适合普通人的编程。

我先谈谈我对计算机编程的理解，窃以为，计算机编程的核心无非就是：输入—处理—输出。计算机编程可以帮助我们把复杂的事情流程化，把重复要做的事情，用计算机自动化地去做。

而写作其实也具备这样的功能，写作就是一个标准化可复制的输出！

打个比方，我以前经常需要向别人介绍我自己，而我自身的故事和经历也很多，如果我新认识一个朋友，我得向他介绍自己，我可能要花一顿饭的时间，一直在讲我的经历。并且我只是在对他一个人输出，以后碰到新朋友，我还得再讲一遍。

但今天你正在看的一本书，这里面也是在讲我的经历和我的思考。等我这本书出版以后，我就省事多了，我等于用文字编写了一个标准化的输出程序，我以后见到新朋友就再也不需要给他讲很多了，我直接把我这本书给他看就行了。

当然写书是一个方法，写文章其实效果也是类似的，并且我认为现在互联网上大多数用户的注意力大多数时候也都是在文字上面，大多数用户上网也不是去看你这个 app 的设计或者动态效果是什么样子，最终看的还是内容。某种程度上可以说，互联网就是由内容所组成的，而文字的内容又是占据大多数。

你是不是每天也会刷朋友圈，刷微博，时常注意力集中在微信朋友圈里朋友分享的内容，微信群里某篇标题很引人注意的文章，我本人是这样，我身边的朋友也是这样。

人们的注意力都不是在看一些小众的 app，往往大多数是集中在超级 app 里的终端内容。

而用户的注意力在哪里，哪里势必就是商业价值的中心。

也就是说我们花很多精力开发了一款很低频的 app，那这个 app 的作用有可能还不及一篇文章来得有效，因为用户读一篇文章或许都要花 5 分钟时间，而下载你这个 app，如果你的 app 做得不好，估计用你的 app 的时间加起来还不足阅读一篇文章的时间，就把你的 app 删掉了。

而 app 和网站是需要编程开发的，对于普通人来说需要很大的成本，普通人如果想在互联网上做点事情，其实根本就没有能力去开发 app。

而你写一篇文章，门槛则低了很多，任何人都可以用文字的形式，把要表达、要展示的东西通过文章的形式分发在互联网的各个渠道上，这远比计算机编一个程序或做一个 app 来得快捷也有效。

有不少朋友问过我说，我完全不懂技术，能不能在互联网上创业，开展生意？

说实话，我觉得如果你懂技术会编程，那你当然会具有巨大的优势。但如果你不会编程，也没关系，你只要学会写作你也可以照样把你要展示的东西分发在互联网上。

当然很多人对写作的理解还停留在学生时代，老师布置的作文，但我们要知道写作在互联网时代就是门槛最低，成本最小的互联网输出形式！

写作这个事情，相比于编程来说，确实门槛是低了不少，当然门槛低，那去做的人也就会很多，你看现在这么多公众号就是一个写照，短短几年时间微信公众号的数量就急剧增多，我可以理解为每个公众号的背后其实都是一个文字编程者。

而这时候，你想要胜出，你的写作能力和写作策略就显得尤其重要！ 但这其实是一般写作的人所不具备的。

我认为，大多数写作的人，就和大多数程序猿一样，只会傻乎乎地码字，非常平庸，而我们一定要做一个与众不同的程序猿，要和大多数写作的人区分开来，使用正确的策略，就能事半功倍。

我本人其实已经做了很好的写作实践，我最近每天都在写书，每天发力写近万字，去年到今天我已经写了两本电子书，一本是大家可能读过的《刘大猫的财富之旅》，这本电子书目前总点击量已经突破百万。

除了这本电子书之外，我其实还写了一本更垂直类的电子书，这本电子书目前我不太想公开，因为这本书正在每天给我带来很多的被动收入，网上有些太聪明的人，一旦看到别人做什么，马上就照搬完全复制，我不太想被完全复制。

关于写作，我可以给读者朋友们一个很有效的建议：

这个建议就是，我们写作一定不要追求数量，而要追求质量！我看很多朋友几乎每天都要更新公众号，但他的公众号可能粉丝很少，每天更新文章要花费不少的时间和精力，但看来看去其实就是那几个人，因此粉丝增长也很缓慢。

我建议，其实你根本无需经常写文章，你一年甚至可以就写一两篇文章，但要把这一两篇文章精雕细琢写好，写好以后花全年的时间就来推广这一篇文章，让一篇文章得到充分地曝光。

你可以算一个账，假如你的公众号平均每篇文章的阅读量只有 500。那你发 100 篇文章，其实看到的人也就是那 500 个人左右，而不是 500*100 的 5 万个人。

　　而且你更新文章频率那么快，你也很难保证你的内容每篇质量都很好，这样效率其实很低下。而你就认认真真把一篇文章写好，然后大力去推这一篇文章，把你写其他文章的时间都用来专注推这一篇文章，我相信一年下来，你这一篇文章的曝光量会让你非常吃惊。

4.4　我在社群领域
的布局

　　我在第一章里就写道过，我早在初一初二的时候，就在学校里开过一个同学群叫"如东实验中学第一群"。那时候学校老师还经常说我不务正业，搞这些无聊的东西。

　　但他们估计做梦都不会想到，多年以后的今天，我依然又做起了社群，并且我的所有社群所带来的营收比老师们一辈子的工资可能都要多了。

　　关于社群领域的布局，我坚持只做两种社群：

1. 付费社群

　　所谓付费社群就是说你想要成为社群的群友是需要付费的，是用付费作为门槛的。

　　一般的社群，往往都是可以免费加入，但在这个信息爆炸的时代，我认为免费的群很快就会出现各种各样的问题，广告，灌水，讨要红包，无用信息。

　　造成这些事情的原因，我认为有两点：因为是免费社群，所有群成员难以得到有效筛选，并且群成员的内心也不会珍视群资源。

然而最重要的一点，我认为更简单，就是一个免费的社群，它是没有经营经费的。这个时代里每个人都那么忙碌，群主也要工作，也要上班，他哪里有工夫长期花心思去经营一个免费的社群呢？当活雷锋吗？

而一个付费的社群，他一方面可以让社群成员有了一个筛选标准，更主要的是，社群本身拥有了经费，也拥有了输出有价值信息的动力！

其实这个道理非常简单，也是天经地义！就像你开发一款网络游戏，游戏本身如果是纯粹免费的，没有任何收入来源，那你这款游戏肯定不会很出色，因为玩家都支撑不了你的开支，那你做这款游戏还有什么动力呢？游戏也不会做好，很快就会停止更新。

所以我认为，我们无论是要自己办一个好的社群，还是要加入一个好的社群，我们都应该找付费的！只有付费的社群才有真正持续输出优质信息的能力和动力！

2. 基于交易而产生的免费社群

还有一种类型的社群我们也有所布局，我将其概括为基于交易而产生的免费社群。譬如我之前说过的，假设我在线下开了一家服装店、美食店、健身房，那我就可以把我的顾客和核心粉丝组织成一个社群。

然后去精耕细作这些社群，譬如定期组织一些活动，新品发布等等。因为基于交易而产生的社群才会更具有商业价值。

而一个社群必须具备了商业价值才能拥有运营的动力和持续输出优质内容的能力。譬如我前面说过，我在北京做过日租房的项目，一般的日租房项目都是冷冰冰地依靠租金盈利。

而我们的日租房，凡是入住者，我们会给他发放一张社群准入卡，他便可以加入我们的社群。

因为我们租日租房的朋友，多为大学生、求职者或者工作伊始的白领。针对这部分人群，我们在社群中也经常会找人分享一些求职经历、职场经验等。大家都很欢迎，并且社群经营得也很好，我们偶尔也会精挑细选一些淘宝客的商品在群中，还能增加额外的收入，并且这样强关系的转化率超过大多数电商。

我做的社群

社群就是我现阶段在做的事情，我已经做了好几个付费社群了，包括写作社群，跨维度成长社群，健身社群，刘大猫的财富城堡社群。

像我的［刘大猫的财富城堡社群］就是一个对互联网生意与创业有兴趣且愿意学习实践的社群。这个社群从开始运营到写这本纸质书的时候为止，已经有了数千名付费加入的用户。

其实这也是我自身对于社群商业的一个深度的尝试，我在建立社群的时候也是对自身做了深度的考量和定位。我自己到底最擅长什么？我当然是擅长互联网，擅长互联网生意与创业！擅长流量！

而互联网本身也是这个时代的主题，很多的朋友也对此有兴趣，想要学习交流，参加相关的活动，而我正好又对此擅长，那我为何不根据自己的特点建立一个相同属性的社群呢？

于是［刘大猫的财富城堡社群］就诞生了，在这个社群里，我摒弃了过往互联网运营的经验，因为过去我做网站及其他互联网运营都非常看重"数据"！

每天无非是在根据数据计算各种比例、行为转化率，成交转化率等。而在社群商业里，完全都变了，我关注的数据越来越少，因为我会发现在社群时代，我们面对的再也不是冷冰冰的数字和数据了，我们看到的用户再也不是统计系统里的各种图表，而是每一个和我一样鲜活的个体，是每一个活生生的人，他们每个人之间都可以互相连接，并且与我产生各种各样的连接。

再也不是像网站、公众号那样，一对多地宣讲，而是用户与用户、用户与我之间都是网状的结构。我觉得这非常有意思！

我自己也与社群的成员有合作，通过我们的社群招聘过员工，群友和群友间也有过很多的合作和交流。

这些连接让彼此的关系更加紧密，形成了较强的用户关系，而这是传统互联网场景难以做到的！

除此之外我们不仅仅可以自己建立社群，我们还可以加入一些优质的付费社群，譬如我的社群，哈哈！我不是做广告，因为我本人也加入了好几个付费社群，我加入过英语学习付费社群，创业付费社群等等，有的付费社群还特别贵，譬如之前提到过的，有的社群要五六千块钱，我也加。

但加入这些社群以后，可能是我的心态比较好，我认为都非常超值，当然要深度地混迹进去，不能掏钱加一下群平时也不看，那没啥用，多参与社群的活动、分享，并且在任何圈子里，还是要保持谦卑，千万不要在群里面装大神，把自己搞得高高在上，这年头真不吃高高在上那一套，因为社群的时代是点对点的，是不存在上帝视角的，拎得清的人便能在社群经济中取得成绩！

4.5　比黑客
　　　更黑的人！

　　我前面写过一节关于被黑客折腾的事情。但我认为互联网上最令人讨厌和恶心的还不是黑客，而是那些用低劣手段黑人的人，他们比黑客可恶多了，例如淘宝上的职业差评师，互联网上的职业抹黑师。

　　其实在整个创业生涯中，这样的事情遇到过太多次了。

　　用低劣手段黑人的人，他们往往各有目的，有的是你的竞争对手，就故意抹黑你，有的是纯粹闲的无聊的人士。

　　我记得我早在做网站交易业务的时候，就遇到过这种情况，虽然说那时候我说我自己是"隐形冠军"，但再隐形，也会有人关注你。

　　因为每天我都会发布很多网站交易信息，很快引起了一些人的注意，有一天我接到一条陌生人的私信说：让我必须要给他们交一部分钱，要不然就让我在互联网上卖网站的生意做不下去。

　　当时我就觉得挺无语的，不过当时还真被吓到了，不是没想过要交保护费，但想想这种保护费还是不能交。因为互联网上这些地痞流氓，他们可不是什么真梁山好汉，你给他们交一次保护费，他们肯定会贪得无厌地持续欺负你，于是我就没有理会。

那时候我在一个交易平台上的 ID 叫"站长大老虎"，有一天早上起床，我一看，我靠，一个论坛里全是一个人黑我的帖子。

黑我的人大意就是说，"站长大老虎"出售的网站疑似程序有漏洞。但具体有什么漏洞，他不会说，他给出的理由就是：应该有漏洞，不然他不会卖这么多网站。

他这帖子一发，对我确实会有影响。他们要抹黑人，无需拿出什么证据，只需要臆造，说得模模糊糊的，然后客户看到以后会真觉得有风险。

为此我后来做了大量的解释工作！

后来我还陆续遇到过好多次这样的事情，比如我做付费社群也遇到过这样的事情！

我觉得对于一个商人来说，你做营销，你赚钱，就是一个天经地义的事情！你付出了劳动，耕耘，你就应该赚钱，不赚钱才是耍流氓。

但是有一些人他看到你赚钱，他心里就不舒服。

譬如我在一些社区里回答一些人的问题，或者在网上发帖子、发文章，其实我在文章的末尾或者答题的最后，推荐一下自己的某款商品，或者推荐一下自己的作品，我认为是一个非常真实、健康的状态！

我喜欢光明正大地推荐，但是有的人就会骂你：发软文！发广告！

我本人其实就很不认可这一点，我又不是活雷锋，我为别人解答一个问题，我动用了我的思考和智慧，我凭什么不能在末尾推荐一下自己的东西呢？这有什么好值得骂的！

很多人的思路就是没改变过来，这年头哪里有什么活雷锋啊！说自己是活雷锋的人，往往就要注意了。而我就不是活雷锋，我为别人提供价值，我自己也追求回报，我觉得没有错！

前段时间，也有个互联网上的小流氓找到我的微信，在微信里准备敲诈我，他说：你在互联网上赚了这么多钱，是应该破财消灾了！他问我要 6w 块钱，如果我不拿 6w 块钱给他，他说就要联合多名大 v 在某大型互联网问答社区上黑死我。

我跟他说：你就是互联网上一个小流氓，喊上你的大 v，放马过来！

结果没过几天，在某大型互联网社区上还真出现了一个帖子，帖子里的水军把我黑出了翔，这些黑人水军，看似有理有据写了很多黑我的东西，但我看来看去，感觉其水平还是很低劣。

因为他们这些造谣抹黑者，在网上黑人的言论，都是水军新号，查不到其真实身份，说话无需负责任，加之平台监管漏洞，他们其实抹黑一个人永远都不需要讲证据，而是凭借话术和奇怪的逻辑：

有点类似方舟子这种人。比如我说，我从高中起开始互联网创业至今已经获得了 3000 万的收益。

黑人们想要抹黑你的时候，他有一百种办法来引导普通网民来攻击你，比如他可能会看似有理有据地说：刘大猫说他自己获得了 3000 万的收益，经过本人证实，存在巨大疑问，原因是其才 26 岁，不可能通过互联网赚这么多钱。而且网上只有他赚 100 万的新闻，没有赚 3000 万的新闻。

其实这样黑人的人，说的话就等于在扯淡，但是他如果将之正儿八经地写成一篇文章发到社区里，这确实会引导一部分网友的思维，加深其他网民对你的愤慨。

但我看来看去，这些人黑你，黑来黑去，无非要表达的点就是如下几点：

1.要让别人觉得，你是在营销自己，然后讨厌你！

2.要让别人觉得，你是在互联网上赚钱，然后讨厌你！

3.要让别人觉得，你的言论是错误的，然后讨厌你！

营销、赚钱、言论矛盾好像都是某些阶层和群体里政治不正确的事情，但我就是敢于打破这种政治不正确。

为此，应对这类黑人，我想到了最好的办法，这个办法就是承认！

对！你说得都对！

1.我就是要展示自己，营销自己和自己的产品！我是一个商人，我营销自己有什么错？天经地义，没有什么见不得人的事情。

大多数的企业家，不都是在营销自己，营销自己的公司嘛？花钱请媒体给自己造势，都是不用说的秘密，人尽皆知，无需羞羞遮遮，只要自己坚持不作恶！不做对不起别人的事情，我们营销自己，营销产品没有错。

2.在互联网上赚钱，有什么错啊？商人不赚钱，那他到底想干嘛？

3.我的言论当然不一定对。我们每个人都应该具有独立思考的能力，这个世界没有谁是什么大神，每个人都是凡人，每个人都可能会出错。

每个人的言论，前后都可能有不一致的时候。比如过去你认为某件事情是错的，也确实发过文章说过，但随着自己的成长，你发现判断失误，那件事情是对的，你又发文章赞扬过。我觉得这没有问题，而且很真实。

相反一些看似严密、分毫不差的事情，却往往是在表演，是不真实的，我拒绝那种不真实。

所以蓄意不怀好意黑我们的人，他无非就是把这些容易造成矛盾的事情和话题，用更偏激的语言引爆出来，引导其他人来讨厌你，以达到他的目的。而我们只需要把这些事情坦诚，通透地说开，那就不会惧怕这些人！

当然我这个人又是一个自我净化能力很强的人，如果不是蓄意黑我，而是提出健康的意见，一起探讨，那其实我也很愿意交流，如果我做错的事情，我也会毫不避讳地勇于承认。

我相信用真诚、通透，是可以赢得别人的尊重和喜欢的！

4.6 加速原始积累，
步入基础设施建设

　　我很清楚，在过去的日子里我是取得了一些阶段性的成绩。注意我用的措辞一直是"阶段性成绩"，我评价任何一个成功人士的时候用的词语也是"阶段性成功"。

　　因为我实在不敢用"成功"这样的字眼儿去描述任何人，每个人的成功都是相对的阶段性成功。马云这么厉害，他能算成功吗？其实也未必，未来会怎么样，会发生什么样的事情，谁也说不准，此时此刻最多都是阶段性的成功而已。

　　而我其实是连阶段性"成功"都算不上的，最多只能算是阶段性的"成绩"。我们的生命本就是一段漫长的旅途，我们难以预料生命长河中会有怎样的境遇和邂逅。所以每个旅途中某一个时段把该阶段下的事情做好了，只能说这一段旅途走通了，都只是一个阶段性的成绩。

　　我的人生阅历可以说还是非常的粗浅，毕竟也就 26 岁，很多事情都还没经历过，在很多问题上也不过是井底之蛙，哪里有什么资格对着人生高谈阔论呢。但我回顾过去几年来所做的事情并展望未来，我的认识是：过去到此时此刻，我的人生阶段还是处在一个原始积累的阶段。

我认为一个人要在商业上取得阶段性成功之前，有两个阶段要走，一个就是原始积累，一个则是基础设施的建设，基础设施建设完成以后才是丰收时刻，才是人生巅峰。

原始积累，很好理解，我们不讲大道理，不讲什么深度的理论，简单地说原始积累就是不想那么多，追求财富，积累资源！在坚决不违反道德和法律的框架下，务实踏实但又变通灵活地追求财富！

因为原始积累对一个人来说实在太重要了！一个人如果完成了原始积累，就不需要廉价地出卖自己的时间了，不需要担心没有收入怎么生活的问题，不会再被很多无关紧要的事情所束缚。这个时候，你的时间和精力都是你自己的，可以用来做很多有价值的事情。

另外，有了原始积累，世界会变得更大，你能做的事情就更多了。因为很多事情，要做是有资金门槛的，最简单的生活都是需要金钱来支撑的，如果没有首付的钱，那连住一个像样的房子都变成了奢侈的事情。创业做事情，做投资，都需要启动资金，完成原始积累后，这些困扰大部分人的问题就没有了。

我的这本书里记叙的经历，很多也都是谈及我原始积累过程中遇到的事情和思考。但我认为我个人的原始积累已经到了后半段了，可能也快接近尾声了，所以这本书也算是对我原始积累阶段的一个回顾与展望。

接下来我个人或许也到了一个新的人生阶段了，这个人生新阶段，我将其命名为：人生的基础设施建设！

什么是基础设施建设呢？基础设施就是建好之后，它是稳定的，而且在它的基础上可以做很多事情，可以重复利用它。

比如，一个国家它的基础设施就是公路、水利、电力这些系统，这些东西建好了之后，是非常稳固的，之后可以为整个社会重复利用。

譬如60多年前新中国刚成立的时候，我们的国家一穷二白，各种基础设施都不完善，落后发达国家很远，在这个过程里，我们的国家为此付出了巨大的代价，经历了原始积累，经过了数次的试错，被质疑，被嘲笑，被诋毁，忍气吞声，而我们的人民踏实肯干，默默付出了巨大的成本，终于在几十年以后的今天，我们的基础设施有了质的飞越，高铁、电力、高速公路、电信、云计算等等覆盖了这个古老的国家，造福了我们的后代，为我们的后代打下了更良好的根基。当然我们深切地知道，在这个过程里，我们所付出的巨大代价和投入！

而一个人和一个国家也是一样的，人在经历了原始积累以后，也就必须要开始自己的基础设施。

基础设施的特点是，前期投入非常大，需要投入非常多的时间、精力和各种资源，但建好以后就可以享受其给你带来的持续回报。它的边际成本是越来越低的，比如说一条高速公路，前期可能需要投入很多资源和精力才能做好，但一旦建好了，它随着时间推移平均每次的使用成本是越来越低的。

当个人建立起自己的基础设施以后，你就有了一个经营新东西的稳定平台，而且运作新业务的成本也会越来越低。我在书里也说，我要做一家天塌下来都赚钱的公司，我要开始追求影响力，我开始组建各种强关系的社群，这些都可以看作是我为我的商业所建立的基础设施。

除此以外，我个人也在建立更优秀的团队和伙伴，建立更优秀的公司管理制度，建立更优秀的服务和产品，建立更优秀的商业模式，而这些统统都是基础设施！

但是这些基础设施，如果放在五年前让我去做，我做不出来。我没有能力去养活一个优秀的团队，更谈不上什么优秀的管理制度，也不会有特别优质的服务和产品。但是随着我的原始积累逐渐增多，我也越发具备了建设基础设施的资本。

再比如我前几节说到"影响力就是未来货币"，但在五六年前，我还什么都没有的时候，我也谈不上什么影响力。几年前的我，也还没经历事情，积累的经验也不多，能输出，能和别人交换合作的资源也完全没有。

那时候的我，看上去也是那么地不起眼，这个社会上最优秀的人也不会愿意和我成为朋友，但今天经过了几年的原始积累，无论是从经济上，还是大脑认知上，都已经有点东西了，我就可以加紧写这本书，我的付费社群里也有不少粉丝，也有越来越多非常优秀的同事、朋友、前辈和我接触，我们就可以共同往前走。

某种程度上这也是一种基础设施，就像这本书一样，这本书一定会是一本畅销书，我在20多岁的时候把它当成一个基础设施来做，或许等我40岁，60岁，80岁的时候，这本书依然会有人看，它本身也变成了我的一个优质资产和基础设施！

4.7 但愿我 旅途漫长

终于写到这本书最后一篇文字了，此时此刻是 2017 年 4 月 6 日的晚上，我在北京的家中。

初春的京城依然氤氲着厚重的雾霾，落地窗外我看到 CBD 里一些冷暖自知的人正结束了一天的工作匆匆赶着最后一班公交。

在书写整本书的时候，我数次感叹，自己确是一个幸儿。一个我很喜欢的作家，她说"人的这一生，我们抓住的都只是些看起来庞大本质上却无关紧要的东西；遗失的，总是无从弥补的部分，因为它形态微小，或甚至本身就并不可见。比如因成长而失去青春，因金钱而失去快乐，因名誉而失去自由……"

最近的一段时间里，我每天都会抽出时间来完成这本书，为此搁置了很多其他的事情，因为我觉得这本书或许对我的人生有非常重要的意义。

我还是在一个很赶的状态下在写这本书，希望快点写完，出版，因为确实还有其他很多事情要去做。

书里回顾了一些我童年时代、少年时代记忆犹新的事情，以及过去几年里我的创业经历，但还是以媚俗的创业、商业为总基调。其实我们的青春远比一部白驹过隙的电影要更加精彩纷呈，它是那样的温暖如春又充满着成长的创痛，亦不是任何一种艺术形式可以表达的。

这本书的最初版本放在互联网上现在已经收获了近百万级的点击量，我也和很多读者交流过，有一些朋友称其为我的"自传"。

有少数朋友会想，你这么小的年龄就出了自传，会不会太早了。其实我不太喜欢"自传"这个词语，我也不认为这本书是什么自传，它就只是我的某个人生阶段的总结与思考，漫长且鲜活的人生何必要等到垂垂老矣之时才开始著书立传呢？

那时候很多细节不都忘却了吗？那时候不就只剩下回忆了吗？

而我们的青春从来都是回忆与憧憬的天平。我能在现在这样的年龄写下这本书，我既有回忆，又有憧憬，我是何其幸运的幸儿。

中学时代就曾梦想能出一本书，不过那时候希望写一部严肃文学的书，我很努力地参加作文大赛，给各种杂志投稿，但遗憾的是始终没人找我出书，而后转战于互联网，走到今天竟成了一个精准的商人。彼时怎么也不会想到我出的第一本书是在十几年后的今天，会书写如此的内容。

世事多变，我在童年时代就迷恋计算机，但爱好和梦想却不断地变化，当作家，当画家，到今天我竟然真的成为了一名互联网上的创业者，或许在今后我的身份还会变化，在一定的时候，我或许还会去做全新的事情，谁知道呢？

我曾经读到林语堂书里的一句话，我在很多的文字中使用过它，林语堂说：

"人的一生，有些细微之事，本身毫无意义可言，却具有极大的重要性。时过境迁之后，回顾其因果关系，却发现其影响之大，殊可惊人。"

　　在这个变化无常的世界里，在我们举棋不定的人生中，我们其实无力去线性地设计每一个细节，但庆幸，我至今依然在彼时的梦想中行走，并且会继续下去！

　　关于我日后人生的故事，或许多年以后还会以这样的形式书写，但愿我旅途漫长，多年以后我们再会，期望彼时能够给你讲一个更美好的故事！

但愿我们旅途漫长
收获最丰盛的生命。

to be continued...